U0142382

澳門
政經二十年

楊鳴宇、林仲軒、吳明軒、廖志輝、李展鵬
呂開顏、王紅宇、馬天龍 著

五南圖書出版公司 印行

很榮幸為《澳門政經二十年》的出版撰寫推薦序，對關心澳門過去、現在與未來的華語讀者而言，這絕對是本值得一讀再讀的好書。

對台灣人而言，港澳二字雖常一起出現，但總是以香港為主、澳門為輔。台灣人多知道香港特首是誰，但不熟悉澳門特首為何人；知道香港有「占中運動」、「雨傘革命」、「反送中運動」，但不知澳門有「反離補運動」、「博彩業工運」；知道《港區國安法》於 2020 年 6 月通過，卻不知《澳區國安法》早在 2009 年即已實施，此種例子不勝枚舉。究其原因，雖有各種歷史與現實的因素，但台灣人確實對澳門不夠了解，相信本書的出版能有助於彌補此一鴻溝。

一向被北京視為在其支持下，博彩業繁榮蓬勃、社會穩定，進而成為「一國兩制」模範的澳門，其實際發展究竟如何？本書吸引人之處正在於其「整全式」地回答了這個問題。若從架構來看，全書可大致區分為國家（中央政府與特區政府）、社會（資本家與一般民眾）以及國際因素（主要為葡萄牙與葡語系國家）三個層次的關係，以及不同層次間的互動。其中又包含三大類的議題：

（一）國家與市場關係的變化以及造成的影響，主要是博彩業快速發展與外溢效果，包括經濟利益、社會結構與城市空間等的轉變，其呈現在第貳章的〈亞洲賭業雙城記〉與第參章的〈一個賭城的空間政治〉；

（二）國家內部（中央與特區政府）與國際因素的互動，主要是北京如何透過澳門為中介，在「中葡論壇」、「一帶一路」倡議中發展與葡語國家的關係，此部分呈現在第肆章的〈澳門與中國及葡語國家的關係〉；

（三）國家與社會的關係，包括社會抗爭、社會行動的動員機制、傳播媒體的影響以及身分認同等，主要呈現在第伍章的〈重探澳門政治文化〉、第陸章的〈澳門社會行動的情感動員〉、第柒章的〈媒體使用習慣和其對雨傘運動態度的影響〉以及第捌章的〈我們澳門人〉。

　　本書除了全局性的探討澳門發展外，還有兩個特色，一是如同編者所言的，結合學科與區域研究，另一個則是比較研究。就前者而言，學科研究與區域研究間往往存在著張力，學科專業所要求的是規律與可預測性，感興趣的是理論問題；而區域研究所著力的是對研究對象系絡的深入了解，關心的是對區域發展動態的掌握，就此而言，本書各章都照顧到學科專業與區域發展，兩者間形成很好的對話與平衡。而在比較研究部分，本書不僅是專注在澳門的發展，部分章節也從比較的角度出發以突顯出「澳門研究」的價值，包括澳門與新加坡博彩業的比較、澳門學生與大陸學生媒體閱聽的比較、澳門人與香港人身分認同的比較等（事實上，本書所觸及的不少議題，都曾經在台灣發生過或正在發生中，台澳比較也是不錯的研究面向）。透過深入的研究與公允的評價，本書也隱約預示一個經典且關鍵的問題：澳門在經濟成長、社會穩定與政治發展間的三角關係。

如同編者所言，本書的出版，在時間上成為連接「舊秩序」到「新時代」的節點。而在總結「回歸」後二十年的同時，該如何面對未來的十年、二十年，甚至更久？如前所述，《澳區國安法》早在 2009 年已頒布，但直到這一兩年才出現政治立場與思想檢查，2021 年 9 月澳門立法會選舉，出現了最大規模「DQ」，其中 6 組 21 人被取消參選資格的理由是「不擁護澳門《基本法》」和「不效忠澳門特區」，同樣的事情發生在香港不令人意外，但在澳門卻是首次，香港的局勢顯然牽動了澳門的發展。粵港澳大灣區的啟動、「愛國者治澳」的提出，對澳門政治、經濟與社會等各方面都將造成巨大、長遠的影響，也將使澳門的發展進一步鑲嵌入中國國家發展戰略之中。「新時代」究竟是最好還是最壞的時代？是希望之春抑或是失望之冬？本書不只是總結過去，也對未來給了指引，值得進一步深讀與探索。

王信賢
國立政治大學東亞研究所教授兼所長

　　澳門與香港乃近鄰，往來甚密。而彼此的關係也並不止於澳港居民時常來往兩地，對於對方的文化、生活有所接觸。以我個人的經驗為例，在親戚、朋友圈子之中，其實不乏澳門人，只是平日大家在聊談中未有提及澳門街，所以他們未有「表露身分」而已。只要好好地了解一下，澳門與香港的聯繫，相當豐富。

　　不過，話雖如此，港人對澳門社會的認識卻十分有限。而我甚至會認為，我們經常帶著一些定型來理解澳門——關於澳門，來來去去就是有關博彩業、賭場、地道美食、度假好去處等等，少有嘗試擺脫旅遊觀光的框框，走進社區，更深入地了解澳門社會。就算近年港人對澳門的古物古蹟、文化遺產、街頭文化提高了興趣，那很大程度仍然是觀光活動的延伸，將旅遊的範圍有所擴充，而還未算是對歷史、社會、文化產生好奇。

　　關於澳門歷史的介紹、書籍並不短缺，只要港人願意主動一點，不難可以為自己補補課。但如果要認識當代澳門在社會及其轉變，則的確有點難度。所以，見到《澳門政經二十年》的出版，實在興奮。正如一般社會科學的分析和討論，重要的不是每位作者的觀點與結論——讀者大可另有看法——而是他們的提問和切入問題的角度。《澳門政經二十年》的內容不是無所不包，但好處是作者們嘗試處理很多現有文獻未有深入探討的問題（例如：不同形式的政治行動）。更重要的是，他們正面地面對轉變中的澳門社會。博彩業的結構本身固然是了解澳門社會經濟的一個大課題，但它的變化除了影響到這個行業的發展與持續性，與此同時也為澳

門帶來了其他方面的改變——整個城市的文化面貌也隨之起了變化。而澳門文化和身處其中的澳門人,有何感受?做出怎樣的回應?這都是值得分析、討論的題目。

以往我們從報刊所讀到有關澳門政治的報導,通常是突出其十年如一日的不變特色,令人以為其政治布局不變之餘,澳門人也對政治轉變不感興趣。但這本文集的多篇文章提醒我們,在澳門的穩定與和諧底下,其實一樣存在張力、訴求和改變。澳門政治這個課題可以有不同層次。

《澳門政經二十年》給我們提供了了解澳門社會的新角度,同時也為未來的研究提供了線索。澳門社會研究大有可為。

呂大樂

香港教育大學香港社會研究講座教授

香港研究學院總監及大中華研究中心總監

澳門除了賭博、美食和一年一度的大賽車，還有什麼值得一提或者值得研究的地方？

澳門位處珠江口，是南中國的大門。自四百年前被葡萄牙占領並受其管治至 1999 年，一直是一個華洋雜處的地域。現時，澳門常住人口不到 70 萬，外勞就占了將近四分之一。在新冠疫情大流行之前，每年訪澳的旅客更達到 3,000 萬人次，確實是人流不絕，品流複雜。

回歸中國二十年來，澳門經濟爆發式增長，一度成為僅次於盧森堡的國民生產毛額最高的地區。澳門經濟以賭業為主，早年被稱為東方蒙地卡羅，但事實上，其博彩規模早已超越拉斯維加斯，蒙地卡羅更是望塵莫及 ，真可謂萬夫莫敵。

四個世紀的歐洲文化融入了華人生活，締造出獨特的人文景觀。澳門城區是世界文化遺產，與大型的現代酒店互相輝映。人文氣息濃厚的歷史遺跡、庸俗奢華的賭場、擁擠殘破的民宅、以至虛假浮誇的仿古建築並肩而立，造就了一個人格分裂的城市。

這樣一個充滿傳奇、矛盾和獨特的地方，本身就非常值得研究。

但是澳門有趣的地方並不只如此。澳門過去二十年的經歷有著不少對社會理論有啟發性的看點和悖論。舉幾個簡單的例子：

表面上看來，澳門的急速發展是市場經濟的勝利。賭權開放使

得賭業由壟斷經營轉為市場競爭，大大提高了賭業的創新、效率與素養。作為全國唯一合法開賭的地方，澳門賭業的成功有賴於地緣政治和契機。不過，如果只簡單地著眼於地緣政治及市場競爭，就會忽略了澳門賭業的獨特運作模式及其成功之處。澳門的貴賓廳制度和博彩中介制度，可以說是其獨門祕笈。當中所謂「疊碼仔」的角色和制度，更牽涉了如何建立客源、人流、保護隱私、信貸、資金進出、洗錢等等隱祕手法與規則。換言之，澳門賭業的治理，是建基於正規制度與非正規制度的微妙結合。這種非正規的治理，正是近年社會科學界十分關注的課題。

其次，由賭業帶動，澳門形成了旅遊博彩一種嶄新的發展模式。這個模式，跳脫以往進口替代與出口導向的發展策略，開拓了另類發展經驗。澳門的成功，刺激了不少地方的仿效，除了新加坡，還包括菲律賓、柬埔寨、越南等等，甚至日本和台灣也在積極發展旅遊博彩。

更有趣的是，賭業的興旺帶動了政府收入的增加。澳門政府徵收 40% 的賭稅，此高稅率帶來龐大的稅收，不單讓政府可以大力投資基礎建設、增加福利開支、進一步帶動經濟發展，還讓政府可以在其他領域維持極低的稅率甚至免稅。換句話說，賭稅變成是一種自願稅，主要的納稅人都是遊客，澳門居民的義務稅根本可有可無。這種財稅體制近乎古代的包稅制，又像殖民地時代在東南亞流行一時的種稅制 (revenue farming)。這古老體制的當代意義，甚是值得探討。

再者，經濟發展以及高福利，大大提高了政府的正當性和社會的穩定性。經濟和社會的急速轉型並沒有帶來巨大的社會矛盾。澳門在回歸前已被謔稱為半個解放區，社會組織早已被中國政府收編，公民社會盡是愛國力量。澳門並沒有強烈的民主化訴求，亦只存在有限度的本土意識。但是把這種穩定歸功於經濟發展、福利主義和社會控制，似乎過於簡單。事實上，勞資之間的矛盾、保育與發展的矛盾、民生與經濟增長的矛盾一直存在。表面上，公民社會被高舉的「穩定和諧」限制了發展空間，但出乎意外的是，2014年小規模的反離補遊行卻馬上得到回應。穩定和諧的邏輯在窒礙社會運動的同時，卻又促使政府聆聽民意及避免一意孤行，以免引起社會反彈而破壞穩定和諧。水能載舟亦能覆舟，是載是覆，視乎體制結構與個體能動性的博弈。

　　以上種種都是澳門值得研究的地方，也是可以藉由研究澳門而探究社會理論的地方。本書填補了這一片空白，將澳門發展的多樣性和不為人注意的複雜性呈現出來，讓讀者一窺澳門經驗的學術意義。我期望《澳門政經二十年》作為一個起步，能引領更多關於當代澳門的研究，並能夠將研究成果傳達給廣大的民眾。

　　謹將本書推薦給各位讀者，並與作者們共勉。

吳德榮
澳門大學政府與公共行政系教授

中文版序

《澳門政經二十年》是 2020 年由 Routledge 出版社出版的 *Macau 20 Years after the Handover: Changes and Challenges under "One Country, Two Systems"* 的中文版。這是一本討論澳門回歸二十年裡政治、經濟和社會等方面變遷的論文集,與英文原版相比,中文版有兩點不同。

首先,是收錄的章節數量。英文原版有八個章節,其中分別由何家騏和林玉鳳、鄭煒和陳慧燕撰寫的兩個章節,因為作者個人原因,沒有參與到中文版的出版當中。而中文版則新增了由吳明軒撰寫的一個章節。

第二,除了馬天龍的章節需要經人協助翻譯,其餘章節均由英文原版的作者書寫成中文,並根據需求對原文進行了諸如補充參考文獻、增減內容等修訂,可以說《澳門政經二十年》並不是對英文原版的直接翻譯,而是以原本的內容為基礎改寫成中文。

最後,我要感謝五南出版社的副總編輯張毓芬,沒有她的熱心幫助,這本論文集不可能這麼快以中文的形式和台灣的讀者見面。澳門,這個城市的命運,從來都和國際秩序緊密相連。隨著中國大陸和外部世界的關係變化,澳門無可避免受到影響。在 2021 年,諸如被禁止公開悼念「六四」、民主派的立法議員候選人被全數剝奪參選資格等事件,均顯示澳門已經進入一個不同以往的政治秩序。《澳門政經二十年》在時間上「意外地」記錄了變化前的舊秩序,為理解新時代留下一個註腳。

目錄

壹、導論

楊鳴宇

一、澳門的社會和經濟

澳門是珠海出海口的一個半島。根據 2016 年的人口普查數據，城市的面積為 30.5 平方公里，常住居民則大約為 65 萬人（其中 17.5% 為外僱和非本地學生）。根據國際貨幣基金組織（International Monetary Fund）的預測，這個土地面積和人口如此細小的城市將會在 2020 年成為世界人均本地生產毛額最高的地方。[1] 而上述或許連本地人都難以想像的預測，能夠成立的最重要原因在於澳門是「一國兩制」下的特別行政區，從而成為中國唯一能合法經營賭場的城市。在過去二十年，澳門的社會和經濟到底發生了什麼轉變？

由圖 1-1 可見澳門的經濟狀況在 1999 年回歸前並不理想，背後有好幾個原因。首先是 1997 年發生的亞洲金融危機，一方面直接打擊了本地經濟，另一方面暴露了澳門產業單一的經濟結構無力應對外部經濟環境變化的弊端。其次，當時作為本地經濟支柱，自 1962 年開始就獲得博彩專營權的澳門博彩股份有限公司，身為壟斷和單一產業結構下的既得利益者，欠缺激勵做出任何實質性的改革，為經濟困境尋找出路。最後，澳門賭場獨特的營運方式加劇了社會的動盪。不像拉斯維加斯之類的其他博

---

[1]　Fraser, Niall. 2018 "Macau Poised to Become Richest Place on the Planet by 2020," *South China Morning Post*, August 8. https://www.scmp.com/news/hong-kong/hong-kong-economy/article/2158708/macau-poised-become-richest-place-planet-2020.

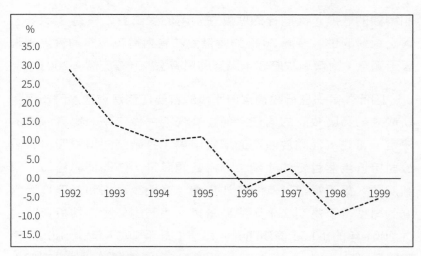

圖 1-1　澳門的本地生產毛額（1992-1999）
資料來源：澳門統計局

彩城市依賴所謂「散客」（一般旅客）盈利，澳門賭場的盈利主要來自「貴賓廳」願意大額投注的賭客。賭場的營運者本身不直接經營「貴賓廳」，而是採用承包出去再進行分成的方法分攤利益和風險。但這種有澳門特色的營運模式同時也使「貴賓廳」容易捲入「洗黑錢」和「高利貸」等犯罪行為。事實上在回歸前，三合會幫派鬥爭一直是困擾澳葡政府的社會問題。

　　由此可以理解為何澳門市民對於回歸中國大陸有著和香港市民非常不一樣的態度。根據香港大學民意調查計畫在 1999 年 12 月進行的社會調查，56.2% 的受訪者對於「回歸」表達出正面

和樂觀的態度，而同樣的態度在香港的受訪者中只有 35.1%。與之相對的是，接近 70% 的香港受訪者對港英政府的管治表現表示滿意，對澳葡政府表示滿意的只有 22%（鐘庭耀，2001）。

　　因此，第一任行政長官何厚鏵的首要任務是重建澳門市民對新成立的特區政府的信任。何在其任期內做了兩個影響深遠的決定。首先，他開放澳門的博彩市場，打破澳門博彩股份有限公司接近半個世紀的壟斷。透過公開競投，澳門博彩控股、永利澳門、銀河娛樂、澳門金沙集團、澳門美高梅和新濠博亞六間公司獲得了為期二十年的專營權。澳門的外國直接投資隨後從 2001 年的 10.65 億澳門元，迅速上升至 2007 年的 185.19 億澳門元（Sheng and Gu, 2018）。而 2003 年開始的「港澳個人遊」簽證容許中國大陸居民以個人而非跟團方式到香港和澳門旅遊（Wong, Zheng, and Wan, 2016），大大刺激了旅客的數量，解決了因為投資增多而快速增大的博彩市場的需求問題。如圖 1-2 所示，澳門的經濟不但在回歸後迅速恢復，並且在 2000 至 2017 年間多數時候都維持正增長。表 1-1 顯示同一段時間內博彩業如何進一步主導澳門的經濟和產業結構。表 1-2 則告訴我們將近一半的旅客是透過「港澳個人遊」簽證的方式到澳門。最終，澳門在 2014 年成為人均收入全球第四高的地區，同時擁有 7 倍於拉斯維加斯的博彩市場。[2]

---

[2]　Riley, Charles. 2014. "Macau's Gambling Industry Dwarfs Vegas," CNN,

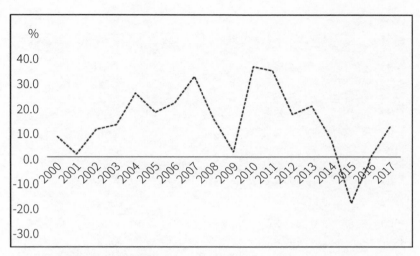

圖 1-2　澳門的本地生產毛額（2000-2017）
資料來源：澳門統計局

表 1-1　本地生產毛額和博彩業產值

年分	本地生產毛額（百萬澳門元）	博彩業產值（百萬澳門元）
1991	30,302	9,047
1992	39,072	12,140

January 6. http://money.cnn.com/2014/01/06/news/macau-casino-gambling; Monaghan, Angela. 2014. "China's Gambling Capital Macau Is World's Fourth-Richest Territory," *The Guardian*, July 2. https://www.theguardian.com/world/2014/jul/02/macau-china-gambling-capital-fourth-richest-in-world-per-capita.

（續表 1-1）

年分	本地生產毛額（百萬澳門元）	博彩業產值（百萬澳門元）
1993	44,604	14,163
1994	48,991	15,781
1995	54,356	18,441
1996	53,043	17,684
1997	54,467	18,285
1998	49,318	15,429
1999	46,723	14,060
2000	50,287	16,695
2001	50,799	17,812
2002	56,002	21,188
2003	62,803	26,458
2004	77,980	35,931
2005	91,267	39,355
2006	110,006	44,899
2007	143,438	63,695
2008	163,498	77,127
2009	166,672	83,226
2010	223,514	132,090
2011	296,647	186,661
2012	344,262	216,329
2013	410,874	258,966

（續表 1-1）

年分	本地生產毛額（百萬澳門元）	博彩業產值（百萬澳門元）
2014	434,973	254,051
2015	356,904	171,107
2016	356,576	166,158
2017	398,027	195,274

資料來源：澳門統計局

表 1-2　中國大陸旅客來澳的方式（2003-2018）

年分	入境旅客總人次	中國大陸旅客	「港澳個人遊」入境
2003	11,887,876	～	～
2004	16,672,556	～	～
2005	18,711,187	～	～
2006	21,998,122	～	～
2007	27,003,370	～	～
2008	22,933,185	11,613,171	6,586,403
2009	21,752,751	10,989,533	4,809,878
2010	24,965,411	13,229,058	5,486,173
2011	28,002,279	16,162,747	6,588,722
2012	28,082,292	16,902,499	7,131,904
2013	29,324,822	18,632,207	8,059,627
2014	31,525,632	21,252,410	9,566,435
2015	30,714,628	20,410,615	9,519,317

(續表 1-2)

年分	入境旅客總人次	中國大陸旅客	「港澳個人遊」入境
2016	30,950,336	20,454,104	9,579,412
2017	32,610,506	22,196,203	10,615,471
2018	35,803,663	25,260,556	12,267,344

資料來源：澳門統計局

備註：「~」表示沒有相關統計數據

　　何厚鏵做的第二個重要決定是改革澳門的公共行政體系，並把重點放在整肅官員貪汙、提高政府部門辦事效率和決策的科學性。具體而言，改革的思路和「新公共管理」（new public administration）提供的原則基本一致，例如設立專門的審計部門、標準化公務員招聘和晉升、強調政府部門的回應性等。同時得益於經濟增長和龐大的博彩稅收，特區政府有能力提供更多的公共財、社會福利和稅收減免，這些都為何重構特區政府的合法性創造了條件。也由於特區政府的管治基礎是建立在「績效合法性」（performance legitimacy）上，只要能夠繼續提供上述的「好處」給澳門市民，就能夠維持政治穩定（Dimitrov, 2013）。由此可以解釋為何公共行政改革並未取得明顯的成果，例如 2006 年發生的「歐文龍」案顯示官員貪汙仍然是有待解決的問題，[3]亦未對何的威信造成大的挑戰。於是第二任行政長

3　歐文龍被拘捕時是澳門的運輸工務司司長，據估計他貪汙的金額高達 8 億澳門元。案件的詳情可以參考 Ng Jeffrey, 2012. "Macau Ex-Official

官崔世安繼續沿用了同樣的管治策略。

二、讓「隱形」的澳門被看見

　　澳門獨特的社會和經濟結構很容易會使它落入兩種常見的刻板描述之中。對於外國旅客而言，這裡是充滿異域風情的「亞洲拉斯維加斯」，例如一篇《富比士》（*Forbes*）的文章說澳門是「The Best Casino Market on Earth」，接著又說道：「James Bond picks the brains of Chinese spies at roulette tables in Macau, not Vegas. The building are bigger. The retail space is bigger. There are velvet ropes at the entrance to Prada and Gucci stores stopping shop-a-holic China girls from entering crowded stores. Many go there just to shop.」[4]而對於中國政府而言，澳門的存在又變成了另一種非常不同的敘事──「一國兩制」下的典範。因為和香港不同，民主化從來不是澳門政治發展的主軸，[5]「雨傘運動」規模的大型社會運

Found Guilty of Bribery," *The Wall Street Journal*, June 4. https://www.wsj.com/articles/SB10001424052702303830204577445361095752908。

[4]　Rapoza, Kenneth. 2013. "Macau Is 'Vegas on Steroids,'" *Forbes*, August 1. https://www.forbes.com/sites/kenrapoza/2013/08/01/macau-is-vegas-on-steroids/#7847a9906a4e.

[5]　香港《基本法》第四十五條和第六十八條規定行政長官和立法會最終要達到「普選」的目標，澳門《基本法》第四十七條和第六十八條並沒有相同的規定。

動也從未在澳門發生。在既有研究中，澳門被形容為是一個政治冷感的社會，例如余振就曾經寫道：「In general have low esteem for politicians and are inclined to believe that to be involved in political activities could be dangerous. Like their grandparents or great grandparents in traditional Chinese society, they do not think they themselves can influence government policies. Few would thus take actual political action to oppose government wrongdoing.」（Yee, 2001）一個政治冷感的社會為《基本法》中制訂的「行政主導」體制實施創造了理想條件，這就能理解為何中國政府非常滿意澳門特區政府的管治表現，它證明了沒有民主，同樣能夠帶來經濟繁榮和政治穩定。

上述兩種雖然相異但同樣根據各自需要選取部分「事實」構建而成的刻板描述，使澳門的真實面貌被視而不見，本地文化評論人同時是本書作者之一的李展鵬就曾說澳門是一座「隱形」的城市。讓這座隱形的城市被看見，便成為了本書的寫作動機。我們希望對澳門回歸後二十年裡發生的社會經濟變遷進行回顧和分析。類似的「全景式回顧」在以往的澳門研究中也有，但本書有兩個不同之處。第一，包含了一系列既有研究中甚少被觸及的研究題目，例如工人抗爭、社群媒體時代下的政治參與、公民社會的發展、澳門在「中國─葡語系國家」關係中的角色和博彩業的管治模式等。第二，或許更為重要的是，不同章節的作者均有意

識地使用比較方法，或者在進行分析時從「學科」而非「區域」理論出發。這兩點不同之處使本書不僅能夠為理解澳門做出貢獻，書中的發現更可以在學科普遍理論（general theory）下和其他地區及國家進行比較，從而使澳門能夠在本地以外的地方被「看見」。

參考文獻

鐘庭耀，2001，〈港澳兩地回歸週年民情比較〉，載於吳志良和楊允中編，《澳門 2001》，澳門：澳門基金會出版。

Dimitrov, Martin K. 2013. "Understanding Communist Collapse and Resilience," In *Why Communism Did Not Collapse: Understanding Authoritarian Regime Resilience in Asia and Europe*, edited by Martin K. Dimitrov, 3-39. Cambridge University Press.

Ieong, Meng U. 2017. "Macao and Hong Kong-Convergence or Divergence? The 2014 Anti-Retirement Package Bill Protest and Macao's Governance Crisis," *Asian Survey,* 57 (3):504-27.

Sheng, Mingjie, and Chaolin Gu. 2018. "Economic Growth and Development in Macau (1999-2016): The Role of the Booming Gaming Industry," *Cities,* 75:72-80.

Wong, Kevin Tze-wai, Victor Zheng, and Po-san Wan. 2016. "The Impact of Cross-Border Intergration with Mainland China on Hong Kong's Local Politics: The Individual Visit Scheme as a Double-Edged Sword for Political Trust in Hong Kong," *The China Quarterly,* 228:1081-104.

Yee, Herbert S. 2001. *Macau in Transition: From Colony to Autonomous Region.* New York: Palgrave.

貳、亞洲賭業雙城記——澳門和新加坡博彩業開放競爭模式探討

呂開顏

一、澳門博彩業開放競爭之回顧

賭博作為一個產業在澳門歷史由來已久，最早可追溯至十九世紀中葉。作為以天主教為國教的葡萄牙，原本一直奉行禁賭政策，但是鴉片戰爭後香港開埠，澳門的貿易地位被香港所替代，政府收入一落千丈。迫於財政壓力之下，1847 年澳門以「海外行省遊樂需要」之名，報請葡國中央政府同意，批准澳門博彩經營合法化，其目的是以賭餉作為財政收入主要來源。1896 年葡萄牙正式禁止賭博，不過澳門並沒有嚴格禁賭，博彩業在法律的灰色地帶得以繼續生存和發展。特別是鄰近的廣東和香港等地紛紛禁賭，賭商們攜帶資金遷入澳門開設賭館，變相令澳門具有市場壟斷地位，使得澳門博彩業迎來歷史上首次興旺發達的黃金時代。

1912 年起，葡澳政府對番攤賭博實行五年期包稅招標獨營，將特許專營制度適用於博彩規管。1930 年，以霍芝庭為首的豪興公司投得全部博彩遊戲的專營權，承諾每年賭餉 80 萬元。1937 年，澳葡政府頒令將澳門的所有博彩業專營權統一集中競標，最終由傅德榕及高可寧為首的泰興公司投得，每年繳納 180 萬澳門元賭稅，壟斷控制經營二十四年，至 1961 年賭約到期。

1961 年，時任澳門總督的馬濟時頒布 18267 號法令，將澳門闢為旅遊區，同時訂定《承投賭博娛樂章程》。《承投賭博娛

樂章程》規定了如下內容：(1) 凡依靠幸運賭博獲勝者，稱為賭博娛樂；(2) 由 1962 年 1 月 1 日起，所有賭博娛樂只准許在澳門建築完成的娛樂場內進行，在該日期前，得由澳督批准承辦人在指定地點進行；(3) 准許開設中西娛樂賭博的種類有十種之多；(4) 承投人得向賭博娛樂監察委員會轉呈澳督申請批准，增加其他賭博專案；(5) 承投專利的最低條件年餉，不能低過底價 300 萬元；另照年餉加徵 5% 稅項，作為旅遊處基金；還有 1% 的公務員互助基金；(6) 承投年期從 1962 年 1 月 1 日起不超過八年；期滿後，賭博之設備無條件移交給政府，賭場建築物經雙方訂立條件，移交新承投人；(7) 賭牌持有人必須在三年內建新的賭場和豪華酒店；(8) 開具 100 萬元的銀行支票給政府作為投標保證金；在銀行存入相當於總投資三分之一的款項做保證，以便日後能支付實現投資計畫過程中的費用。面對如此嚴苛的要求，商家們仍紛紛競投。最終，1962 年的博彩經營權由「澳門旅遊娛樂有限公司」以 316.7 萬元奪得。

接下來的二十幾年間，政府又陸陸續續對經營合約進行了幾次修改，每次都在不同程度上提高從企業向政府繳納的稅額，並且增加企業參與城市建設的義務。1982 年 5 月 29 日，澳葡政府頒布《核准在本地區經營幸運博彩之批給的法律制度》。在這次的修改中有一條規定對博彩業產生極其深遠的影響，就是將博企每年固定承繳年餉的包稅制改成按一定比例從賭收中抽稅。重要內容如下：(1) 改舊稱「賭博娛樂」為「幸運博彩」，並定義

「凡博彩,其結果係不可預料且純粹靠碰運氣者,概稱為幸運博彩」;(2) 在「專利制度」的基礎上增加「特別准照制度」,可批出最多三個特別准照;(3) 批給年限最短八年,最長二十年;(4) 承批人必須繳納博彩特別稅,稅額最低不能少於公司總收入的 25%;(5) 提交每天的博彩總收入以供審查,負責支付工資給調派到專營公司的政府官員;(6) 承批公司的資本額至少要 5,000 萬澳門幣。

1986 年 9 月 12 日,澳門立法會根據政府要求,通宵審議修改 1982 年的《核准在本地區經營幸運博彩之批給的法律制度》,批准專營合約可以再多續兩期至 2001 年底。後經過 1997 年 6 月中葡聯合聯絡小組第 29 次會議,做出重大決定:中葡雙方同意將賭約延至 2000 年 12 月 31 日。賭約延長五年,年期跨越 1999 年。這意味著,賭約的續期終於得到最終法律上的確認,在 1999 年 12 月 20 日澳門回歸中國後確保賭權順利回歸。

1999 年 12 月 20 日澳門特區政府成立後,決定重新審視博彩專營權的壟斷地位。2000 年 7 月,負責研究澳門博彩業發展、法律、行政法規及政策的「澳門博彩委員會」正式成立。委員會於同年 8 月舉行第一次會議,決定聘請安達信(Arthur Andersen)顧問公司為澳門博彩業發展提供意見。從 2001 年開始,澳門先後制定了一系列法律和行政法規,展開了幸運博彩經營的公開競投程式,最終將娛樂場幸運博彩經營權批給原「澳

門旅遊娛樂有限公司」新組成的「澳門博彩股份有限公司」、「銀河娛樂場股份有限公司」及「永利渡假村（澳門）股份有限公司」三家承批公司。後因承批的合夥公司「威尼斯人集團」與「銀河」分立而產生批給權的變化，「威尼斯人」獲准以「轉批給」方式在澳門經營幸運博彩業。其後，「澳博」及「永利」亦先後各自與「美高梅金殿超濠股份有限公司」及「新濠博亞博彩（澳門）股份有限公司」簽訂了轉批給合同，演變出了所謂的「轉批給」而形成三家「獲轉批給」的「副牌」公司。

二、澳門博彩業的行業特徵

賭博不會產生新的產品和服務，反而會因占用資金而產生巨大的機會成本，其負外部性表現不僅消耗個人財富，而且還因社會關聯性損害其家人和親友，形成範圍不同的系統性風險。因此，世界上多數國家禁止賭博，既不屬於意識形態之爭，也無關社會制度選擇。但在允許設立賭場的國家中，如美國就認為博彩業是必要的惡，旨在滿足特定人群的賭博娛樂消費需要。允許賭博並非憲法賦予公民自由擇業和自由經營的固有權利（rights），而是一種由公權機關依法授予的特許權（privilege）。基於這樣的前提，享有特許經營權的企業或法人，就必須接受公權力的監管，並承擔不同於一般營業稅、所得稅的特別稅付。澳門法律規定的幸運博彩經營權屬於澳門特區所有，雖未見有系統的法理或學說解釋，但可以依據上述的原則去

理解其基本制度設計的宗旨和原意。

（一）博彩業經營模式

　　賭場的經營模式可以分為歐式和美式兩大種，歐洲大陸的賭場以蒙地卡羅為代表，美式賭場則以拉斯維加斯為代表。當前各國賭場多以私人企業為主導的美式精英模式，其特點就是追求高服務品質，力爭為客人提供寬敞舒適的環境和細緻入微的服務。表 2-1 將歐式賭場和美式賭場在經營模式的特點列出進行對比（楊道匡、呂開顏，2007）。

表 2-1　歐美賭場的經營模式比較

	美式賭場	歐式賭場
1. 所有權	私人企業	混合，有政府參股
2. 經營理念	以營利為目的，創造就業，振興當地經濟	社交為主，發展旅遊業為次要目的
3. 分布位置	集中在中心地帶	分散，主要在小鎮
4. 稅收	稅率較低，低於 10%	稅率較高，50%-90% 之間
5. 進入賭場的規定	自由出入，無嚴格的著裝規定	入場需要付費，有嚴格的著裝規定，多不對本地居民開放
6. 營業時間	24 小時經營	限定開放時間，節假日放假
7. 主要客源	世界各地，客流量龐大	鄰近地區為主，客流較少
8. 推廣宣傳	大量廣告，提供優惠套餐	極少進行宣傳

（續表 2-1）

	美式賭場	歐式賭場
9. 借貸	賭場提供借貸	嚴格規定信貸額度，並設置最高投注額
10. 賭場裝潢	寬敞，豪華，富有創意	高雅，空間有限制
11. 遊戲種類	角子機、幸運博彩都有	以幸運博彩為主，沒有角子機
12. 治安	犯罪率較多	治安良好
13. 慈善活動	政府不強制	必須參加
14. 限制問題賭徒	沒有強制要求	嚴禁病態賭徒進入賭場

首先，歐美賭場的差別體現在所有制上。歐式賭場一般都由政府全部或者部分持股，所以政府對賭場的管理決策可以施加影響。美式賭場是由企業主導參與市場競爭，政府只是負責監管市場的違規操作，並不干涉企業內部運作。所以，在激烈的市場競爭中，賭場必須提高服務品質，務求為客戶提供更好的服務。

其次，歐美賭場在規模上有較大差別。歐洲賭場多採取會員制，對會員資格和數量有嚴格規定。另外，歐洲賭場的經營時間和地點受法律限制，規模一般偏小，超過 20 張賭桌就已經被認為是大賭場。拉斯維加斯恰恰相反，當地賭場規模龐大，動輒就上百張賭桌，24 小時開業，每年迎接來自世界各地高達 3,000 萬人次的遊客，所以拉斯維加斯賭場在規模和收入上遠超歐洲賭場。但是，拉斯維加斯的犯罪率和自殺率非常之高；相較而言，

雖然歐洲賭場規模普遍雖小，不過對本地治安的負面影響也相對較低。

第三，歐美賭場對於提供賭資借貸有很大區別。歐洲賭場一般要求進入賭場的客戶購買門票，此外，病態賭徒也不得進入賭場；在賭場內，賭場嚴控信貸額度，絕不能超過個人信貸上限。美國也有賭場黑名單制度，不過賭場在信貸方面比較寬鬆，經營手法更靈活，這對推動賭場經營業績有很大的促進作用。

澳門有東方蒙地卡羅的稱號，自從 2002 年打破長達四十年的專營局面，由「一變三」到「三變四」，進而「四變六」張賭牌，使澳門博彩業走向拉斯維加斯模式。理論上，澳門博彩業只有六家賭牌持有公司，競爭程度依然有限，可以說依然享有某種程度上的壟斷性質。但是，在賭牌之下又有衛星賭場和大量貴賓廳存在，同一家貴賓廳集團又可以在不同賭牌持有人旗下的賭場開展業務，所以澳門博彩業的經營模式既非美國的自由市場競爭模式，也非歐洲的政府主導模式，而是介於兩者之間的「澳門特色」模式。

（二）監管模式

如果把賭博視作一種產品（服務），那麼賭博屬於無差異性的產品（服務），賭客無論在何處賭博都不會有明顯差別。當然，各家賭場都會想盡辦法，如提供私人飛機、豪華裝修、娛樂表演等服務產生差異。在完全競爭市場中，消費者只對價格本身

做出回應。但是若讓博彩業按照自由競爭原則放任其擴張，終將對社會造成負面影響。因此，政府絕不可能讓博彩業自由競爭。壟斷固然不利於消費者福利，但如果市場上太多博彩企業競爭，又容易引發過度競爭造成社會矛盾加劇。雖然政府原則上都會贊成加強監管，但是在監管的具體實施過程中，存在許多不同之處，下面將對博彩業監管模式進行比較。

政府的監管政策主要有兩種：市場進入成本（以經營資格審批為主的行政規定）和稅收政策。稅收政策是指政府對賭場以及相關經營業務的徵稅。在某種程度上，稅率的調整對於賭場的利潤而言將發揮極其關鍵的作用。博彩稅率全世界都不相同，考慮到宏觀經濟和公共財政的轉移支付，政府都會有相應的調整。

市場進入成本是指以經營資格審批為主的行政規定。經營資格的審批項目包括：牌照數目的限制；公司和主要股東的經營資格調查（有無刑事記錄、財務狀況良好、具備一定的營運經驗）；續約申請；以及對違規操作的賭場停止和吊銷執照的處罰。另外，政府還可以對賭場的酒店數目、娛樂設施的面積、投資金額、從業人員的福利等各方面做出行政規定。如果賭場違反有關規定，監管部門有權暫停其經營資格，對於嚴重違規者還可以吊銷營業執照。這些行政規定對賭場的日常經營提出了較高的要求，提高了博彩業市場的進入成本。

表 2-2 以稅率和市場進入成本的組合對監管政策進行總結（呂開顏、劉丁己，2008）。

表 2-2　監管政策的類型

拉斯維加斯和大西洋城代表著兩種截然不同的博彩業監管風格。拉斯維加斯採取營業執照申請的制度，只要公司和主要股東的申請資格獲得批准，就可以開設賭場。而且，拉斯維加斯賭場之間的競爭程度十分激烈，所以，該地區的博彩業平均稅率只有 8.4%，遠遠低於美國其他開放博彩業的城市。拉斯維加斯博彩業市場的稅率和進入成本都較低，位於表 2-2 中的左下角。相反，大西洋城的賭場為符合監管當局需要而承擔較高成本，但是賭場的博彩稅率較低，所以位於表 2-2 中的右下角。

澳門和拉斯維加斯非常相似，經濟上十分依賴博彩產業。但是，與其他城市的賭場經營模式不同，澳門賭場沿襲獨特的「分租賭廳制」，這個傳統的經營模式，對於希望進入澳門市場的公司或者個人來說，降低其市場進入的成本；而澳門的博彩稅率約為 35%，稅率屬於中等偏高。所以，澳門的監管政策是低進入成本，較高稅率的類型，位於表 2-2 中的左上角。歐洲賭場大多由當地政府參股，像蒙地卡羅賭場是屬於皇室擁有，企業性質類

似於國有企業。由於採取特許經營的模式，政府對賭場的監管較嚴，同時徵收高額的博彩稅，德國稅率為 93%，法國稅率為 80%，奧地利稅率則是 60%。

以稅率和市場進入成本為組合的監管政策造成了各地賭場經營模式的不同，而且還影響到博彩業的市場結構。從各國經驗來看，寡頭壟斷和壟斷競爭的市場結構比較適合博彩業的行業特點。所以，政府採取何種博彩業監管模式，對博彩業的可持續發展非常重要。

（三）貴賓廳經營制度

澳門貴賓廳經營制度是一個獨特而龐大的體系。1980 年代中期，當時澳娛公司將傳統的泥碼制、疊碼制等綜合起來，建立貴賓廳承包制。博企將賭場內部的區域承包給不同的賭廳廳主，廳主則利用中介人和疊碼仔[1]的網絡，從世界各地拉客到其承包的貴賓廳。一般賭客在中場使用的是現金籌碼，價格為 1：1，但是貴賓廳使用一種只能投注而無法兌換現金的「泥碼」，價格則有一定的折扣優惠。假設購買 10 萬元籌碼，按照 1.25%

---

[1] 疊碼仔指博彩中介人合作人。由於貴賓客進入賭廳不會攜帶大量現金，博彩中介人以推銷泥碼（只限於中介人負責賭廳使用的籌碼）的方式先行融資，疊碼仔為賭客提供兌換現金碼並從中賺取最高為 1.25% 的佣金。這種現金碼與泥碼循環兌換的行為叫做「疊碼」，所以就有了疊碼仔的稱呼。過程中，也有從事洗黑錢和高利貸等非法行為。

的折扣計算，只需支付 98,750 元。當中剩下的差額 1,250 元，也就是俗稱的「碼佣」或「碼糧」。泥碼的作用，主要是保證賭客將籌碼用於貴賓廳下注，目前主要採取「一廳一碼」制，目的是防止賭廳的碼佣支出外流。泥碼是貴賓廳的主要營銷手段，而廳主利用碼佣作為中介人為其拉客的酬勞。在賭權開放前的專營制度下，專營公司可以有效控制碼佣與借貸風險，因此能夠保障這一體制運作多年。所以，碼佣制和中介人制度能在澳門獲得成功，與澳門獨特的社會文化和經濟條件密切相關。

自從賭權開放之後，博彩公司為爭奪外地貴賓而允許外地人成為博彩中介人，使得「碼佣競爭」加劇，導致碼佣從賭權開放前的 0.7% 推升到 1.3%。在競爭最激烈的時候，碼佣甚至高達 1.4%，完全超出賭場理論上能夠承受的佣金上限。博企的利潤空間受碼佣上升而被擠壓，與此同時，面對巨大的競爭壓力，各個博企和賭廳廳主也紛紛開出高佣來爭搶貴賓客人，從而加深貴賓廳的資金壓力。恰逢 2008 年金融海嘯，博彩收入下滑，一方面利潤減少，另一方面經營風險增加，使得貴賓廳在財務風險控制上進退失據，陷入兩難的經營困局。當時在政府主導下，6 家博企成立博彩業商會，幾經協商後終於達成協議，將碼佣上限設為 1.25%，避免「碼佣戰」所帶來的惡性競爭（呂開顏、張偉璣，2012a）。

碼佣就好像房地產中介的佣金，政府很難用行政干預的方式制定，必須要依靠博彩業商會之間協商，才能制定出大家都

可接受的合理水平。以賭客購買 10 萬元籌碼為例，賭場贏率 3%，收入為 3,000 元。當中政府的博彩稅 1,200 元（賭收的 40%），碼佣 1,250 元（10 萬乘以碼佣 1.25%），剩下 500 元為賭場營運所得（呂開顏、張偉璣，2012b）。可見，隨著碼佣提升，大部分賭收只會落入中介人的口袋，而非政府和博企。從賭場營運的角度來講，如果能夠根據賭客所輸的實際金額計算回扣，直接返還給賭客，就能有效控制營運成本，降低對中介人的過分依賴，並且避免「碼佣戰」引致的惡性競爭。

　　澳門貴賓廳制度十分鬆散，每家賭場都想招攬足夠多的合夥人，而這些合夥人的生意也可以遍布在不同賭場之內，造成監管漏洞。賭場一般都有中介人介紹賭客賺取固定的費用，但是澳門的中介人與其他地區的中介人大不相同，中介人幾乎與貴賓廳廳主一樣，參與了交易中每一個部分，如提供交通、安排娛樂食宿，甚至放貸給賭客。當然，他們也承擔交易中的大部分風險。由於中國內地對外匯有嚴格管制，而且賭債在國內法律上不能強制執行，所以，貴賓廳業務必須依賴中介人推廣業務以及前往內地收債。往往這類人士與組織犯罪存在千絲萬縷的關係，這就使得博企與這些中介人合作的時候，可能面臨違反兩地法規的風險。貴賓廳經營制度的確令澳門博彩業取得爆炸式發展，但是這種不受監管和「殺雞取卵」式的做法注定不可長期持續，這也是為何澳門賭收歷經數次政策調整而大幅波動的主要原因。

三、博彩業對澳門社會經濟影響之分析

　　博彩業高速發展將澳門帶進急劇轉變的發展時期，經濟結構的變動導致社會利益集團格局的調整，同時也深化社會內部的深層次矛盾問題。樓價飆升、問題賭徒、青少年犯罪增加、中小企業經營環境惡化等問題突顯社會矛盾。顯然，這些都違背政府當初開放競爭的意願，也更讓人們關心為發展博彩業所付出的社會成本，以及如何在博彩業與社會發展之間取得平衡。學術界至今對博彩業的社會成本如何定義和估算，存在不同見解。不過，我們可以參考美國博彩研究權威 Eadington（2003）的研究，他將博彩業的社會成本分為六大類：(1) 問題賭徒（包括預防和治療的支出）；(2) 對當地經濟的衝擊；(3) 公共設施不勝負荷；(4) 與賭博相關的犯罪；(5) 環境和居民生活素質受到影響；(6) 社會價值觀扭曲。筆者認為 Eadington 教授的定義涵蓋經濟、政治、文化、環境等眾多領域，是對博彩業社會成本的最全面總結。

　　究竟發展博彩業給澳門社會帶來哪些影響？澳門又為此付出哪些社會成本？這是本章節希望深入討論的問題。總體而言，博彩業的高速發展帶來的影響，可整理為以下幾個方面：

（一）土地資源緊張

　　澳門是當今世界人口密度極高的城市之一，土地面積 32.9 平方公里，常住人口 68.2 萬（2020 年），每平方公里達 20,729

人。同為人口密度很高的城市，香港每平方公里 6,930 人，新加坡則是每平方公里 7,900 人（2019 年）。2019 年澳門本地生產毛額 4,451.18 億元，每平方公里的 GDP 產出達 135.29 億元（約 16.9 億美元）。同期，新加坡和香港每平方公里的 GDP 產出，分別為 5.24 億美元和 3.29 億美元。

　　三地相比較的結果顯示澳門的人口密度和土地使用效率最高，這跟澳門博彩業的興旺有密不可分的關係。博彩業帶動澳門經濟整體高速發展，導致常住人口不斷增加，對土地需求大幅增加，造成樓價飆升、租金上漲和經營成本上升，已成為困擾本地居民和中小企業的難題。當土地資源傾斜至博彩業的時候，必然會影響澳門長期可持續發展。中央政府曾批准澳門透過填海方式增加 3.5 平方公里土地，橫琴開發和舊區重整也可以提高原有土地的利用率和人口承載量。但是，遠水難救近火，這些未來增加的土地供應量無助於緩解當前博彩業高速發展所引發的土地資源爭奪。

（二）產業結構單一

　　回歸以來，澳門博彩淨利和博彩稅收總額大幅度增加。其中，2013 年博彩毛收入為 3,618.66 億澳門元，約為 2002 年賭權開放競爭時 234.96 億澳門元的 15.4 倍；2013 年博彩稅收為

1,343.82 億澳門元，約為 2002 年 77.66 億澳門元的 17.3 倍，[2]
表 2-3 和表 2-4 反映出澳門博彩毛收入不僅對本地生產毛額增
長有決定性影響，而且在本地生產毛額中所占比例也逐年攀升。

表 2-3　年度本地生產毛額、人均本地生產毛額、博彩毛收入和博彩稅收（澳門元）

年分	本地生產毛額（億）	同期變動率（%）	人均本地生產毛額	人均本地生產毛額（美元）	博彩毛收入（億）	博彩稅收（億）
2001	551.12	1.4	127,015	15,811		62.93
2002	592.20	7.5	135,079	16,815	234.96	77.66
2003	661.47	11.7	149,113	18,589	303.15	105.79
2004	853.82	29.1	187,793	23,408	435.11	152.37
2005	974.15	14.1	205,753	25,684	471.34	173.19
2006	1,190.14	22.2	239,417	29,925	575.21	207.48
2007	1,481.81	24.5	284,495	35,403	838.47	319.20
2008	1,686.39	13.8	313,785	39,122	1,098.26	432.08
2009	1,723.63	2.2	320,275	40,114	1,203.83	456.98
2010	2,259.97	31.1	420,915	52,600	1,895.88	687.76
2011	2,954.38	30.7	538,165	67,115	2,690.58	996.56
2012	3,450.80	16.8	605,740	75,813	3,052.35	1,133.78

---

[2]　本文所有引用的統計資料均來自澳門特別行政區政府統計暨普查局、
　　博彩監察局的官方網站或《澳門統計年鑑》。

(續表 2-3)

年分	本地生產毛額（億）	同期變動率（%）	人均本地生產毛額	人均本地生產毛額（美元）	博彩毛收入（億）	博彩稅收（億）
2013	4,117.39	19.3	692,289	86,653	3,618.66	1,343.82
2014	4,385.16	6.5	705,180	88,290	3,527.14	1,367.10
2015	3,598.06	(-17.9)	560,882	70,242	2,318.11	895.73
2016	3,604.60	0.2	558,118	69,810	2,241.28	843.75
2017	4,049.66	12.3	623,985	77,743	2,666.07	998.45
2018	4,464.29	10.2	676,152	83,756	3,038.79	1,135.12
2019	4,451.18	(-0.3)	660,903	81,893	2,933.12	1,127.1
2020	1,943.98	(-56.3)	285,314	35,714	610.47	298.08

資料來源：統計暨普查局《本地生產總值》

表 2-4　博彩業在澳門產業結構中所占比重

年分	博彩業占產業結構比重（%）
2000	33.32
2001	35.23
2002	37.99
2003	42.28
2004	46.23
2005	43.25
2006	40.91
2007	44.5

（續表 2-4）

年分	博彩業占產業結構比重（%）
2008	47.25
2009	50
2010	59.17
2011	63.01
2012	62.94
2013	62.94
2014	58.33
2015	47.85
2016	46.37
2017	48.88
2018	50.68

資料來源：統計暨普查局《本地生產總值》

　　從數據上看，除 2014 至 2016 年博彩收入負增長，其他時間大多保持穩定增長。數據很容易給人一種博彩業能長期保持繁榮的錯覺。但是，事實上任何地區的經濟發展都會經歷繁榮、衰退、蕭條和復甦的階段。二戰以後的美國博彩業重心城市雷諾（Reno），以及 1970 年代興起的拉斯維加斯，到達產業高峰期之後，都有面對後來者趕超進而被取代的情況（呂開顏，2010a，2010b）。2019 年路氹金光大道的各大度假村項目都紛紛落成投入使用之後，就意味著博彩業的投資高峰期即將過

去，從而步入成熟週期。從 2018 年開始澳門出現投資下降的跡象，私人投資連續跌幅，加上政府投資減少，令本地生產毛額增長放緩。所以，長期來看，產業單一化所帶來的影響將逐漸浮現，過度透支未來的增長模式預示將面對嚴重挑戰。

（三）就業結構失衡

澳門博彩業爆炸式的增長，也帶動酒店、餐飲、零售等行業高速發展。由於特區政府不輸入外地莊荷的政策，在大型賭場相繼開業的競爭壓力之下，對博彩業從業人員需求大增，令澳門就業結構產生失衡，其主要特徵第二產業急劇萎縮，90% 以上的就業職位集中在第三產業。除了博彩就業人數遞增之外，博彩從業人員的月收入平均中位數也相對優越，使得大量中小企員工紛紛轉投賭場，令中小企業的人力資源長期捉襟見肘，積壓了中小企業的生存和發展空間。儘管博彩業創造大量就業職位，但是澳門失業率長期維持在 2% 以下，說明勞動人口已達飽和，這種失衡的就業結構反映出嚴重依賴博彩業的後遺症，不利澳門經濟適度多元發展。

（四）外勞引發社會衝突

由於澳門人口規模小，勞動力人口有限，客觀上必須依靠輸入外勞來解決勞動力不足的問題。事實上，外勞問題所引發的爭議歷來都長期存在。特別是博彩業開放競爭，無論是項目初期建設，還是建設後酒店投入營運管理，都需要大量人手。外勞人數

激增，引發本地工人強烈不滿。澳門特區政府對此再三重申，在確保本地居民優先就業和工資水平不受影響的前提下，特區政府會因應經濟的發展和勞動市場中各行業及職業的人力資源供需情況，不斷對輸入外地雇員政策進行檢討和評估，並制定各種更適當的長短期措施，以配合市場的實際需要。另一方面，政府允許博彩企業在本地招工不足的情況下合法輸入外地勞工，緩解了勞動力不足的問題。但是，外勞問題始終是引發社會衝突的導火線，一旦處理不當就容易導致社會出現緊張局面。

（五）博彩社區化突出

博彩業「虹吸」了其他產業的生存空間，形成了巨大的「黑洞」，擠占各種社會資源（勞動力、土地、資本）。雖然博彩業帶動相關行業的繁榮，但確實也使得無法獲益的其他行業生存艱難。以樓價翻番漲價為核心的物價上升令部分澳門居民「看上去收入上升，實際上處於生活相對貧困」的局面，這恰如澳門市面所反映的「賭場金碧輝煌，舊區破落不堪」，形成鮮明對比的景象。

澳門土地面積有限，除了路氹城金光大道，其餘賭場都靠近社區。隨著博彩業擴張使人們較容易接觸到賭博，博彩社區化產生的社會問題日益嚴重。博彩廣告隨處可見，不但是公交、發財車，在報紙雜誌和網路上，也到處都可接收與博彩相關的資訊，甚至在一些酒店外牆和電梯中，賭場貴賓廳的優惠促銷廣告

比比皆是。澳門居民所生活的社區被濃厚的博彩氛圍包圍，博彩資訊泛濫使澳門居民接觸賭博的機會大增。加上大量澳門居民投身博彩業，悄然改變居民過去將博彩業視作偏門行業的觀念，對賭博行為更加包容。澳門特區政府注意到博彩社區化所帶來的影響，已經立法將靠近民居的賭場撤出社區。

（六）社會價值觀扭曲

從狹義上講，博彩業發展助長賭風，將博彩帶入居民社區，使本地居民較容易接觸到賭博成為問題賭徒。因此，特別是在問題賭徒的家庭中容易導致家庭暴力和離婚率上升，極其不利青少年健康成長。青少年處於成長的叛逆階段，如果缺乏家人的關懷和教育，容易受社會不良分子唆擺而誤入歧途。總體而言，博彩業快速發展引發的青少年教育問題無法不被注意。賭風熾熱助長了社會上期望「不勞而獲」的功利主義心態，人人都希望從中分一杯羹。但是，這種只重經濟發展，而忽略青少年健康成長的風氣，不利於鼓勵青少年充實自己，透過努力獲取幸福和貢獻社會。

四、新加坡博彩業宣布賭博解禁的背景

新加坡政府歷來執行以保護性和保守性著稱的國內政策，例如新加坡開國總理李光耀在位期間就強烈反對開設賭場。2004年9月，李顯龍接替吳作棟出任總理，李顯龍認為新加坡有理

由考慮取消長期以來的賭場賭博禁令。2005 年 4 月 18 日，李顯龍在國會宣布，將耗巨資在 2009 年打造兩個世界級的賭場度假村。新加坡長期奉行禁賭政策，高調宣布政策調整並非領導人一時心血來潮，而是有其獨特用意。新加坡因為獨特的地理位置，旅遊業占據其產業結構中重要一環。但是，1998 年亞洲金融風暴後，經濟增長受到企業外遷周邊國家所影響。再加上 2003 年 SARS 疫情衝擊，重創新加坡的觀光旅遊業，使得 1998 至 2003 年期間的國內生產毛額負增長，直到 2004 年才恢復超過 1997 年的國內生產毛額規模。但是，失業率從 1997 年的 2.5% 上升到 2003 年的 5.93%（2000 至 2020 年新加坡失業率最高記錄），國際旅客人數也降到歷史記錄新低的 612.7 萬人次。[3] 除了 SARS 疫情的影響外，新加坡對國際旅客的吸引力下降，以及新加坡賭資外流至鄰近國家，甚至是澳洲和美國的賭場，各種壓力之下使得新加坡政府決定要制訂新的旅遊政策，以謀求旅遊業轉型和提升產業競爭力。

　　概括起來，有兩個理由是支持新加坡開放禁賭的。第一，新加坡旅遊競爭力不足。從 1998 年亞洲金融危機到 2001 年全球網路經濟泡沫，再到 2003 年 SARS 疫情，經濟低迷促使政府必須制定新的發展戰略。李顯龍在 2005 年發表的聲明中說到，「雖然東亞旅遊市場大幅增長，但新加坡的市占率從 1998 年的

---

[3]　https://data.worldbank.org/.

8% 下降到 2002 年的 6%。遊客在新加坡的時間也減少了，花費天數於 2002 年平均為 3 天，比 1991 年的 4 天有所下降。所有這些調查顯示，新加坡的旅遊官員有理由擔心新加坡旅遊和旅遊業發展的下滑。」過去，新加坡總是標榜自己的花園城市形象，但是法律嚴苛，夜間生活乏味，給人一種整潔卻沉悶的旅遊形象。由於國際政治社會環境的快速變化，新加坡過去的形象無法再吸引更多遊客。恰好澳門開放博彩業競爭之後，經濟高速增長，城市形象大幅改善，可見透過開放博彩業能夠為旅客提供更多服務和產品。所以，重塑旅遊形象能提升產業競爭力，促進國民經濟增長。

第二，儘管領導人再三聲明禁止賭博，但是國民十分熱衷賭博。事實上，新加坡很早就已經發行彩券。1968 年新加坡政府批准新加坡博彩公司（Singapore Pools）成立。最初只發行 TOTO、4-D 及新加坡大彩（Singapore Sweep）三種彩券。到了 1999 年，體育彩券開始發行，但只有足球及賽車兩類。2005 年發布的一份報告中顯示，[4] 新加坡博彩公司的年營業額為 40 億新元，相當於每天 1,100 萬新元。如果不包括非法賭博，2004 年新加坡至少花費 70 億新元用於賭博。很多新加坡人都出國去賭博，甚至是遠至澳洲和美國的賭場，加上附近國家和地區都打

---

4 Gambling in Singapore, https://eresources.nlb.gov.sg/infopedia/articles/SIP_1114_2007-01-12.html.

算將賭場合法化，壓力之下使得新加坡政府決定要制訂新的旅遊政策阻止資金外流。

在建設期間，新加坡政府派出了大量官員和專家前往澳門，學習澳門的經驗教訓。總理李顯龍回應說，新加坡出於經濟考慮必須興建賭場，但不應忽視賭場的負面社會影響。早在2005 年，新加坡政府已經預見到開賭所帶來的一系列問題，所以從開賭前的準備、招標和建設過程中都有相應的預案。我們可以回顧新加坡從 2005 年宣布開賭到 2010 年第一家賭場落成，是如何在吸收澳門教訓的基礎上做出政策。

五、為開放博彩業所做的前期準備

（一）招標程序

新加坡政府在籌備引進外資賭場的過程中，先由新加坡旅遊局擬定招標計畫書，邀請企業提出採購服務計畫書（Request for Proposal, RFP）。決策機關是新加坡副總理擔任主席的「招標核准機構（Tender Approving Authority）」，成員包括國家發展部、貿易及工業部、社會發展青年體育部、財政部等部長，該決策機構依據「招標評估委員會（Tender Evaluation Committee）」的獨立意見，進行評選與決標。

招標評估委員會由新加坡財政部常任祕書擔任主席，成員由國家發展部、貿易及工業部、法務部等常務祕書組成，涵蓋政府

機構、專業領域及產業界資深人士成立設計評估小組（Design Evaluation Panel）和專業顧問團，將城市規劃、財務管理、藝術表演、會議展覽等不同領域納入到考量當中，有利於政府在評估過程中吸收更加多元的專業意見。

由招標評估委員會分析後，決定在濱海灣及聖淘沙地區分別設置一間國際綜合型度假基地附設賭場，土地面積分別為 20.6 公頃及 49 公頃，前者被定位為現代風格的世界級建築，後者則定位為家庭式休閒度假聖地，並公布賭場面積、稅率、賭牌有效期間、角子機數量等參。然後政府再邀請投標者提出採購服務計畫書（Request for Proposal, RFP），裡面的內容會更加具體，例如旅遊綜合體（Integrated Resort）中應包括哪些項目等等。

經過嚴謹的審批程序，招標評估委員會的專業分析意見做出正式決定。2006 年 5 月 26 日將第一張賭場牌照批給美國拉斯維加斯金沙集團（Las Vegas Sands），興建濱海灣綜合度假村；同年 12 月又將第二張賭場牌照批給馬來西亞雲頂集團（Genting），興建聖淘沙度假村。2010 年，獲新加坡政府核准的兩間綜合度假村先後正式開業，其中由雲頂集團投資 44 億美元的新加坡名勝世界聖淘沙中心（Resorts World Sentosa）在 2010 年 2 月開業營運，已開業的項目包括酒店、娛樂場、環球影城，以及多項會議與獎勵旅遊設施。另一間由美國拉斯維加斯金沙集團投資 55 億美元的新加坡濱海灣金沙（Marina

Bay Sands）在 2010 年 4 月下旬開始營運，包括娛樂場、三座樓高 55 層共 2,561 間房間的酒店，分別設有「金沙空中公園」（Sands Sky Park）、占地 130 萬平方呎的會議展覽中心、80 萬平方呎的購物中心、多間餐廳和娛樂場（阮建中、馮家超，2010）。

（二）監管架構

　　澳門博彩收入是全球之冠，不過嚴重依賴貴賓廳模式卻導致博彩業被極少數貴賓廳廳主和中介人所控制，而且這種模式為社會帶來快速增長和嚴重的社會成本。由於澳門賭場依靠中介人向豪賭客提供信貸和追討債務，因此賭場犯罪率逐年上升。這一點在澳門的統計中較少得到顯示的原因是，大多數中介人和賭客都非澳門本地居民，許多與追債有關的暴力犯罪活動發生在澳門以外，澳門官方並沒有相關記錄在案。當新加坡政府決定取消賭場賭博禁令時，原意是為了促進旅遊業和重新塑造新加坡旅遊形象。也就是說，博彩業是新加坡產業多元發展的其中一個選項，因此博彩業絕不可能成為新加坡當地的支柱產業。所以新加坡吸取澳門的教訓後，制訂更加嚴格的監管法規制度，也採取監管成本較低的雙寡頭市場經營模式。

　　當新加坡籌備開設賭場時，新加坡政府於 2005 年在內政部下設賭場管制處（Casino Regulatory Division），進行監管法規和行政架構的準備工作，並於 2006 年公布賭場管制法

（Casino Control Act）。2008 年 4 月，賭場監管局（The Casino Regulatory Authority, CRA）成立。

賭場管制法的頒布，是為了規範賭場的營運和博彩，在賭場開業前做好準備。根據法律所設置的監管機構和功能介紹如下：

- 賭場監管局（CRA）。CRA 負責管理和執行《賭場管制法》，並有權許可和規範實體賭場的營運。此外，新加坡警察部隊刑事調查部下屬的賭場犯罪調查處，對賭場犯罪案件進行調查和執法。
- 內政部（MHA）、資訊通訊媒體發展局（IMDA）和新加坡金融管理局（MAS）。他們管理遠程賭博法的某些條款，例如與付款阻止和站點訪問阻止有關的條款。
- 新加坡賽馬博彩管理局（Tote Board）。負責監督新加坡賽馬公會和新加坡博彩公司的營運，這兩個在新加坡進行賽馬和彩券等博彩活動的主要博彩營運商。
- 新加坡社會和家庭發展部、新加坡防治問題賭博理事會（NCPG）。他們管理社會保障以盡量減少賭博問題。

根據法律規定，新加坡賭場的中場業務稅率為 15%，貴賓廳稅率僅僅為 5%。但是，讓很多人感到出乎意料的是，儘管與澳門或其他國家相比貴賓廳業務稅率如此之低，目前為止網路上卻還找不到任何有關貴賓廳中介人在新加坡獲得許可經營的消息。也許全面的法律框架和嚴格的賭場監管制度使賭場刻意與貴

賓廳業務保持距離，很多有意進入新加坡市場的貴賓廳看到嚴格
規定後也退避三舍，使得拉斯維加斯和澳門等博彩城市，發生醜
聞的尷尬局面沒有在新加坡發生。

（三）負責任博彩

　　澳門自 2002 年博彩經營權開放競爭以來，社會就關注賭場
增加所帶來日益嚴重的問題賭徒和博彩社區化問題。2008 年 11
月時任行政長官何厚鏵在施政報告中首次提出：「為促進博彩業
的健康和可持續發展，政府將繼續大力加強博彩監察管理，嚴格
調控博彩業的規模，並全面落實今年 4 月所宣布的一系列調控
措施，努力推動符合條件的本地雇員進入管理層，參照國際標
準，研究制定有關『負責任賭博（博彩）的指引』。」[5]

　　早在開放賭場前就已經預判到博彩合法化會令問題賭徒人數
增加，所以提前設立有關機構負責制訂和執行相關政策，可以希
望讓社會大眾對問題賭博有清醒認知，並做好預防措施。與澳門
的「後知後覺」相比，2006 年新加坡頒布《賭場管制法》就已
經提出要增設社會保障措施來應對問題賭博：

　　1. 新加坡公民和永久居民在賭場每 24 小時收取 100 美元的
　　　　入場費和每年 2,000 美元的會員費。

---

[5] 《負責任博彩工作報告書 2009-2013》，澳門社會工作局，https://
iasweb.ias.gov.mo/cvf/annualReport/RG-chi.pdf。

2. 未滿 21 歲以下人士禁止進入賭場。

3. 賭場和中介人不得向新加坡公民和永久居民提供信貸，
   除非他們是該法案定義的高級玩家。

4. 賭場內將禁止使用自動櫃員機（ATM）。

5. 新加坡防治問題賭博理事會成立和授權發布排除令，以
   阻止問題賭徒進入賭場。

　　法規中明文規定新加坡防治問題賭博理事會（The National
Council on Problem Gambling）是主要處理問題賭博的機
構，隸屬於社區發展、青年及運動部（Minister for Community
Development, Youth and Sports）。新加坡防治問題賭博理事
會對問題賭博進行研究，為制訂決策提供基礎，以提供相關政府
部門諮詢及建議，除此之外還會對公眾進行宣導，提升大眾對問
題賭博和有關輔助措施的認識。於賭場開始營運後，新加坡防治
問題賭博理事依據賭場管制法負責核發禁令，禁止特定人士進入
賭場賭博。該會的預算由新加坡政府撥款，而向新加坡國民徵收
的賭場入場費，則是直接歸於防治問題賭徒的各個公益機構。

　　任何開賭的地方都會面臨問題賭徒所帶來的挑戰。所以，有
意開設賭場的地方政府需要面對挑戰，列出政策配套措施積極預
防和解決，絕不可期望一紙命令就能完全將問題賭博消滅於無
形。

六、博彩業提升新加坡旅遊競爭力

　　從世界主要博彩城市的發展經驗來看，我們可以觀察到賭場確實能夠推動旅遊業發展，包括美國拉斯維加斯和澳門。但是，與澳門採取放任市場自由發展的模式有所不同，新加坡博彩業能在毫無經驗和借鑑的情況下取得成功，關鍵在於其制訂發展戰略和長期規劃等能力。新加坡向來具有擅長規劃的傳統和經驗，因此能夠提前制定預案，應對未來挑戰。新加坡得到聯合國支持，在 1967 年推出國家和城市規劃項目（Chew, 2009）並確立了集中式城市規劃的格局。「概念規劃」始於 1971 年，每年審查一次，跨越十年或十五年，旨在確保經濟增長和良好的生活環境品質（URA, 2013a）。多年來，隨著發展需求，重點已經發生轉移，但 2001 年概念計畫的住房、娛樂、商業、交通和身分認同[6]（URA, 2013b）的核心主題反覆出現，並在 2011 年的規劃中得到回應（URA, 2010b）。除了概念規劃外，新加坡還有不同的中短期規劃。根據 2005 年的旅遊規劃，政府設定未來十年 1,700 萬人次、4 億美元收入和額外 100,000 個工作崗位的固定目標。為此，2005 年成立新加坡旅遊發展基金，撥款 20 億新加坡幣吸引更多優秀的海內外旅遊業者發展新加坡旅遊業，支持促進商業、休閒、教育和醫療旅遊，用於與私營企業合作刺激基礎設施、商業能力、活動舉辦和產品創新（新加坡旅遊局，

---

[6]　新加坡概念規劃中有身分認同感，強化國民歸屬感，通過立法讓當地居民參與舊區改造的諮詢，提供意見。

STB，2005）。

　　在這十年的後半期，有幾個重大項目正在進行或即將完成。2008 年開始建造一個新的郵輪碼頭，機場方面開設了第三個航站樓，並計畫在 2017 年開設第四個航站樓，以將載客量增加到 8,200 萬人次。新景點包括一個巨大的觀景摩天輪、超現代購物中心，以及兩家提供住宿和其他設施的大型賭場酒店。開設賭場是最後一個，也是最有爭議的政策。每個開發商耗資超過 4 億美元，這些度假村被概念化為「標誌性的生活方式目的地」；一種是針對商務旅客，另一種是針對家庭的環球影城主題公園（新加坡旅遊局，STB，2006）。這些旅遊產品和旅遊設施，再加上 2008 年開幕的新加坡一級方程式大獎賽等場合，有助吸引旅客，甚至是顛覆了新加坡過去賦予人民心目中沉悶的刻板印象。從實際數據中，也可以反映新加坡開賭後實現了旅遊業快速增長。2009 年新加坡旅客人數為 968 萬，2019 年旅客人數達到 1,911 萬，失業率從 5.86% 下降到 3.1%。

　　從新加坡的例子中，我們可以看到，如果一個國家想讓他們的博彩旅遊業取得成功，地理位置固然重要，而更重要的應是提前做好規劃，包括產業以及社會配套政策。透過良好的市場定位和完善規劃，博彩業才能夠真正推動經濟發展，同時將負面效應降低，實現與社會其他行業和諧共存的長遠發展目標。

七、總結

　　博彩業作為支撐起澳門經濟和社會的主導產業，貢獻占澳門本地生產毛額約一半，財政收入為八成以上，並影響著澳門絕大多數就業崗位。其一業獨大的產業結構基本上使得政府施政受到制約，甚至嚴重影響到澳門的政治和社會生態。澳門回歸以來經濟的非常規高速發展，可歸功於博彩業的爆炸式增長。但是，也必須指出，澳門博彩業的成功並非只是特區的功勞，而是建基於國家授權該地區在「一國兩制」方針下自行制定博彩政策的制度根基之上。實質上，國家透過制度安排將賦予澳門博彩業壟斷專營的地位。恰逢本世紀初中美處於高度互信，中國 2002 年加入世貿組織使得內地經濟快速發展，而且 2003 年 SARS 疫情影響之下開放內地居民港澳自由行，大量內地資金伴隨開放政策而潮湧至澳門，國際資本與國內消費市場在澳門得到完美結合，迅速將澳門推上世界第一大賭城、全球人均 GDP 第 2 名地區的巔峰。[7] 在此亮麗的經濟奇蹟之下，掩蓋著澳門博彩業內部經營和政府監管中的嚴重問題，突出的是法律相對嚴重滯後，賭牌准照制度和博彩法定借貸制度流於形式。政府滿足於博彩專營稅，而疏於對各類賭博經營者的監管，貴賓廳、疊碼及其衍生的非法賭博借貸活動，導致內地資本外逃的金融風險日益增加，僅靠行業潛規則自律而缺少有效的法律規制解決利益衝突。這些深層次的矛

---

[7]　2006 年澳門賭收超越拉斯維加斯，2019 年澳門人均 GDP 為 9.24 萬美元，僅次於盧森堡。

盾無法解決，當面對內地政策縮緊或調整時就會一而再，再而三地不斷發生經濟大幅波動，例如 2014 至 2016 年的中國內地嚴厲執行反貪而帶來賭收連跌 26 個月，2020 至 2021 年新冠肺炎疫情及刑法修正案導致賭收下跌 79.3%。

新加坡從澳門的錯誤中學習（Learn the mistakes from Macau），所以從宣布開放賭禁後就從賭牌申請、資格審批、城市規劃和負責任博彩方面做好充分準備。澳門開放博彩業之後一業獨大，內地中央政府和特區政府呼籲要做好經濟多元發展，可惜未能如意。與此相反，新加坡開賭是從提升旅遊競爭力的角度出發而設計，所以賭場開始營運後就讓新加坡旅遊業取得突飛猛進，無論是產值還是就業，都實現了經濟多元發展的目標。究其原因，筆者認為國家能力是一個最關鍵的因素。

中國和新加坡都屬於發展型國家，發展型國家的最大特色與成功之處就在於國家始終發揮推動經濟發展的主要角色作用。國家不僅改善營商環境，而且以金融政策，透過信貸和補貼釋放信號，使企業參與國家建設。但是，國家能力也與國家結構息息相關。國家能力的強弱與國家和民間互動的鑲嵌性程度呈正相關，與社會的鑲嵌性越深、越廣，則國家能力便越強。從這個角度來看，新加坡的鑲嵌性非常高，政府始終占據賭權開放的主導權。相反，由於一國兩制的規定，博彩業未必能體現出來國家能力在澳門特區的延伸。比方說，澳門《基本法》第一百一十八條寫明，「澳門特別行政區根據本地整體利益自行制定旅遊娛樂業

的政策」。這說明澳門由中央授權自行制定博彩政策。但是，對利益的理解不同容易造成分歧。有學者提出，「整體利益也稱全社會利益，包含個人利益、家庭利益、群（集）體利益、國家利益，其共同點全都有機地結合在全社會的共同利益裡。」[8]一旦本地利益和國家利益產生衝突，就必須權衡折衷。

澳門透過博彩業取得經濟奇蹟，特區政府在過程中固然有開放市場競爭的功勞，但是究其根本，成功原因在於中美當時處於高度互信時期，澳門成為國際資本與中國市場完美結合的紐帶，才導致澳門成為資金與人員充分流動之下的全球化成功案例。而一旦政治形勢發生逆轉，單單依靠特區政府的努力恐怕很難有太多作為。相反，新加坡是一個學習型政府，善於從其他地區吸取經驗教訓而加以改善。當新加坡決定允許開設賭場前，政府已經從國家戰略層面確定目標是為了促進旅遊業，並樹立新的旅遊形象。所以，他們從澳門的經驗中吸收錯誤，比如市場結構（寡頭壟斷／壟斷競爭）、社會承載能力（良好規劃／自由放任）、問題賭博（提前防治／逐漸改進）。新加坡和澳門是兩種截然不同的開賭模式，如果其他地區的政府考慮開賭，可以借鑑澳門和新加坡的經驗，找到符合自身社會條件推動經濟增長，又能相應減少社會成本的發展模式。

8　李麗娜、許昌主編，《澳門基本法解讀》，澳門理工學院「一國兩制」研究中心出版，2020 年，399 頁。

參考文獻

阮建中、馮家超，2010，〈澳門與新加坡博彩業的比較研究〉，《澳門研究》，59 期，2010 年 12 月。

呂開顏、劉丁己，2008，〈國際博彩業監管制度對澳門的啟示〉，《澳門研究》，47 期，2008 年 8 月。

呂開顏，2010a，〈雷諾賭業興衰，澳門應借鏡〉，澳門日報，2010 年 1 月 3 日。

呂開顏，2010b，〈拉斯維加斯的崛起〉，澳門日報，2010年1月10日。

呂開顏、張偉機，2012a，〈重新思考澳門博彩業貴賓廳制度〉，澳門日報，2012 年 4 月 8 日。

呂開顏、張偉機，2012b，〈澳門貴賓廳經營制度下的碼傭競爭〉，澳門日報，2012 年 8 月 26 日。

楊道匡、呂開顏，2007，〈博彩業監管政策的比較分析〉，《澳門理工學報》，第 10 卷第 2 期，總第 26 期，2007 年 6 月。

Anny Vong Chuk Kwan, and Glenn McCartney. 2005. "Mapping resident perception of gamin impact," *Journal of Travel Research,* 44(2), 177-187.

Chew, Valerie. 2009. History of urban planning in Singapore. Retrieved from https://eresources.nlb.gov.sg/infopedia/articles/SIP_1564_2009-09-08.html.

Davis K.C. Fong, Hoc Nang Fong and Shao Zhi Li. 2011. "The social cost of gambling in Macao: Before and after the liberalisation of the gaming industry," *International Gambling Studies,* 11(1), 43-56.

Eadington, William R. 2003. "Measuring cost from permitted gaming: concepts and categories of evaluating gambling's consequences," *Journal of Gambling Studies*, 19(2):185-213.

Edmund H.N. Loi, and Matthew T.C. Liu. 2008. "The Impacts of Macau Resident's Perception toward Gaming Industry," *International Conference on Business and Information*. Seoul, South Korea.

Henderson, Joan C. 2014. "Tourism and Development in Singapore," In Eduardo Fayos-sola, Maria D. Alvarez and Chris Cooper, eds. *Tourism as an Instrument for Development: A Theoretical and Practical Study* (pp. 169-181). Emerald Group Publishing Limited.

Hobson, John M. 1997. "The Wealth of States—A comparative sociology of international economic and political change," Cambridge University Press.

Lee, Choong-Ki and Back, Ki-Joon. 2003. "Pre-and post-casino impact of residents' perception," *Annals of Tourism Research,* 30:868-885.

Matthew Liu T.C. Tina T.g Chang, Edmund H.N Loi and Andrew C.H Chan.2015. "Macau gambling industry: Current challenges and opportunities in next decade," *Asia Pacific Journal of Marketing and Logistics*, 27(3):499-512.

MTI. 2003. "Part 1: Past performance, challenges and opportunities and Singapore's competitive edge," Singapore: Ministry of Trade and Industry.

MTI. 2013. "Economic plans and reports," Singapore: Ministry of Trade and Industry.

Shou-Tsung, Wu. & Yeong-Shyang, Chen. 2015. "The social, economic, and environmental impacts of casino gambling on the residents of Macau and

Singapore," *Tourism Management*, 48, 285-298.

STB. 2005. "Singapore sets out to triple tourism receipts to S$30 billion by 2015," *Singapore Tourism Board Media Release*, January 11.

STB. 2006. "STB shares evaluation criteria for IR at Marina Bay," *Singapore Tourism Board Media Release*, February 8.

URA. 2010a. "Concept plan review: Final report of focus group on quality of life," Singapore: Urban Redevelopment Authority.

URA. 2010b. "Concept plan review: Final report of focus group on sustainability and identity," Singapore: Urban Redevelopment Authority.

URA. 2013a. "Concept plan 2011". Retrieved from https://www.ura.gov.sg/Corporate/Media-Room/Media-Releases/pr10-55. Singapore: Urban Redevelopment Authority. Accessed on August 20, 2021.

URA. 2013b. "Concept plan 2001". Retrieved from https://eresources.nlb.gov.sg/history/events/4642ec39-e30c-4c8b-afaa-d890fa74da21. Accessed on August 20, 2021.

參、一個賭城的空間政治——澳門的城市景觀、保育運動與本土身分

李展鵬

一、前言：小而重要的澳門

澳門，一個在「兩岸三地」的概念中經常隱形的地方。地小、影響力小、文化輸出弱、政經地位不顯著，種種原因使得澳門不被看見。然而，這個小得彷彿一眼可以看穿、半天可以逛完的城市，卻有它值得注視的價值——例如在討論全球化下的城市空間特性之際。

2002 年，澳門特首何厚鏵宣布開放澳門的賭業市場，引來大量外資；翌年，中國大陸推行「港澳個人遊」（俗稱「自由行」）政策，大量旅客湧到澳門。短短幾年後，澳門在 2006 年的賭場收益已超越拉斯維加斯（Simpson, 2013），成為全世界最賺錢的賭城。

作為一個只有 32.9 平方公里的小城，澳門常常被忽略。然而，澳門的特殊意義正是在於它的極度細小。澳門人口有 68 萬，人口密度及車輛密度都是全球最高（Daniell, 2015）。在新冠疫情之前，澳門每年接待超過 3,000 萬名遊客，數量是澳門人口的數十倍。2018 年，在國際貨幣基金組織（IMF）的排名中，澳門的人均 GDP 是全世界第二，僅次於中東石油大國卡達（*South China Morning Post*，2018 年 8 月 8 日）。在這個細小而擁擠的旅遊城市，本地人（一群需要公共交通與價格合理的房子的人）、遊客（一群需要景點與酒店的人）與賭場企業（一種需要土地作大型建設的產業）爭奪城市空間。關鍵的問題

是：非常有限的土地資源應如何使用？社會上不同持分者互相競爭，使得澳門的城市空間成了權力的戰場。

作為第一個以批判角度審視空間的政治性的學者，Henri Lefebvre（[1974] 1991）指出空間是一種政治產物；而空間的生產就像資本主義社會中其他產品的生產，背後是各種政治力量（1976a）。因此，分析空間必須涉及政治社會權力結構的檢視。David Clarke（1997）借用 Derrida 談語言學時提及的「空間的嚴酷法則」（the harsh law of spacing）去定義現代性：現代性的法則建立在它所創造的空間秩序，而城市空間正展示這法則的運作。

過去幾十年，在人文社會學科有鮮明的「空間轉向」（spatial turn），把空間視為理解當代政治、社會、文化的焦點。如 Soja（2008, 12）所言，「空間轉向」回應了一直以來人文學科「重時間輕空間」的本體論及認識論的偏見（ontological and epistemological bias）。從這角度看，澳門的重要性正是因為它細小——當各方勢力爭奪非常有限的土地資源，空間與權力的關係就變得更為清晰。

賭權開放之後，澳門的城市空間有翻天覆地的變化，天際線被高聳的賭場占據，城市景觀亦在旅遊業發展下被「奇觀化」。當經濟發展迅速改變小城面貌，澳門在 2005 年登上聯合國世界文化遺產，古建築以及其周邊景觀成為了剛剛浮現的本土身分認

同的載體。於是，經濟發展與文化保育的矛盾浮上水面，一次又一次的城市運動抗拒經濟過度發展。民間也在捍衛文化及自然景觀的同時，建立本土價值與身分。

Timothy Luke（2010）以 casinopolitanism（暫且譯為「賭城主義」）一詞去形容現代賭城的發展：全球的賭業、度假村、購物及娛樂工業交織成的社會經濟網絡，正在使用賭場的主題公園模式去生產一種世界主義的魅幻。他認為在新自由主義底下的全球經濟表現在賭城文化，而澳門就是很好的例子，其賭場複製拉斯維加斯模式。為了提供奇觀給旅客，賭城的建築的風格跟本地文化歷史毫無關係（Daniell, 2015）；賭城文化容不下本土價值。

在全球化下，跨國企業掌控全球經濟，而城市就在這經濟結構中擔當關鍵角色（Parker, 2003），賭業亦是當中的重要部分（Luke, 2010）。澳門這個有著數百年歷史的古城搖身一變成為超級賭城，城市空間有戲劇性的變化，正是研究空間政治的絕佳例子，當中清晰可見賭城主義的文化症狀。

二、空間的戰場：天際線的變化

澳門很小，所有大型建設都會牽一髮動全身，影響整體城市景觀。成為賭城之後，澳門的劇變就明顯地反映在城市空間上——例如天際線的變化。一個城市的天際線除了讓旅人駐足拍

照，還有其他意義。開放賭業市場之後，澳門多次發生關於天際線的爭議：有人反對興建高樓大廈遮擋松山燈塔，有人批評高樓影響主教山教堂的景觀，有人抗議大型工程破壞山體與山脊線。過往鮮少關注城市空間的澳門人，突然覺得城市景觀非常重要。

天際線往往是現代城市的一張臉。我們會從帝國大廈等高樓一眼認出紐約，會從高聳的巴黎鐵塔馬上感覺到巴黎風情，也會把維多利亞港視為香港的一張臉。Strauss（1961）提到，人們會依靠符號去理解一個城市，而天際線就是關鍵的符號。如果一個城市可比作一件商品，城市的天際線就像商品的商標——例如麥當勞的 M、Starbucks 的綠色圓圈、迪士尼的米老鼠。

回顧西方的城市發展史，當可發現天際線如何帶出政治經濟文化的訊息。筆者稱之為「天際線驗證法」：想了解一個時代，只要有當時的城市照片或圖畫，便可以從天際線看出當時的政經局勢（李展鵬，2013）。工業革命以前的歐洲，一個城鎮的最高建築物一定是教堂；宗教高於一切，那是歐洲文化的表徵，也代表了歷時十個世紀的中世紀時期。直到今天，歐洲很多國家都有法律限制教堂附近建築物的高度，例如倫敦就規定聖保羅教堂周邊一定範圍的建築物不能高於教堂圓頂（*CityMetric*，2016年 11 月 14 日）。踏入工業革命時代，一些工業城市（如英國的曼徹斯特）的天際線被高聳的工廠煙囪占據，代表工業社會的興起。

到了二十世紀，世界各地的城市紛紛興建摩天大樓，代表作有美國的帝國大廈與世貿中心；摩天大樓是現代城市的代表性建築形式，象徵著權力與進步（Warner, 1984），標示了資本主義的高度發展與建築科技的發達。近數十年，不少國家仍然前仆後繼爭建世界第一高樓，以顯示進步與繁榮。同時，高塔也成為另一種雄據天際線的建築：建於 1958 年的東京鐵塔、建於 1994 的東方明珠塔，是東京及上海的地標；建於 2001 年的澳門旅遊塔亦大大改變了澳門半島的天際線。高塔一般有兩大用途，一是電視訊號輸出，二是觀光景點，這代表了資本主義社會的轉型──從最早的製造業主導，變成後來的傳播業（尤其是電子傳媒）與旅遊服務業主導。

一個城市的建築群往往透露當時的經濟形態、文化環境、科技發展，甚至是政治局面；換言之，就是什麼勢力或產業掌握了權力。澳門的天際線在過去數十年的變化，正說明了這城市的政經變遷。

Katznelson 指出，每個時代都會創造屬於當時的空間（見 Parker, 2003, 22），而澳門天際線的變化亦記錄這城市的政治經濟變化。從離島冰仔看澳門半島，三十年前最顯眼的是葡京酒店及主教山教堂：前者落成於 1970 年，曾是賭場旗艦店，是澳門的經濟命脈；後者始建於十七世紀，是偌大的天主教堂，象徵葡國人信奉的天主教。兩座建築遙遙相對，似是河水不犯井水，卻頗有張力：一個代表聖潔，一個象徵敗壞。到了 1991 年

底，中國銀行大廈以全澳第一高樓的姿勢落戶，確立了在賭場及澳葡政府以外的另一種政治經濟勢力，也預視了九九回歸的權力交接。

　　近十多年，大型賭場酒店爭相進駐。它們大大改變了天際線，也暗示了賭權開放後的經濟形勢。其中新葡京場酒店樓高260公尺，在澳門是僅次於旅遊塔的第二高建築，亦是澳門最高的酒店。除了高大，它一身閃亮的金色，造型怪異，顏色刺眼。這座建築揚名海外，曾被一個旅遊網站選為全世界十大最醜建築之一（*Reuters*，2011 年 7 月 15 日）。由於位處人口密集的澳門半島，新葡京是很多澳門人每天避不開的景觀。在它附近，星際酒店及永利酒店亦以奇特造型改變天際線。

　　高樓跟權力的關係在澳門隨處可見。從永利酒店的位置可見這種空間戰術：永利不只占據了從氹仔看澳門的風景線，如果從新馬路末端的十六號碼頭看過去，永利酒店揚起的曲線更牢牢地把舊葡京酒店整個罩住，再加上大大的近似「勝利」的字樣（Wynn［永利］），彷彿要把舊葡京吞下去似的。英皇酒店是另一例子，從荷蘭園大馬路的中央圖書館往南灣的方向看去，英皇占據了一大片天空，招牌非常醒目。

　　荷蘭園與新馬路都是澳門重要的交通幹道與商業中心，成為兵家必爭之地。有趣的是永利及英皇占據的不是這兩條路的店面，而是天空的空間；這是商業的競爭，也是權力的競賽、空間

的爭奪。就正如一種商品會選最顯眼的位置打廣告，一幢象徵某種權力的建築也自然會選擇最有利的位置，甚至最好連整個城市的天際線都因它而改變。

三、旅遊業改變空間：奇觀之城

過去十多年，澳門大力發展旅遊賭博業。根據澳門旅遊局的資料，2019 年澳門接待 3,940 萬旅客。觀光業的核心就是「觀」，從來是視覺先行，景點必須要有能令人馬上舉機拍照的吸引力，甚至最好是奇觀。

發展旅遊業的澳門就成了「奇觀之城」。以往，旅客從香港坐船到達澳門外港碼頭，最先見到的是松山頂上的燈塔。一百多年來，那是澳門的地標，有導航的實用價值，也負載一段航海業歷史。然而，從 2006 年起，港澳碼頭旁建成了新景點漁人碼頭，經海路到澳門半島的旅客首先見到的換成一座形狀怪異的假火山，還有旁邊一些仿歐洲建築。至於有歷史的燈塔不敵這些新景點，突然黯淡無光。

這座假火山是澳門城市景觀劇變的轉捩點。此後，澳門原有的南歐風貌、閒適步調、小城風光被旅遊業大大影響，一座座大型賭場酒店落成，世界遺產景觀被破壞，自然景觀也受威脅。為了吸引自由行旅客，不少新建設走浮誇、華麗、古怪路線。這些建築不必好看，它們的目的只是要令旅客叫出嘩嘩聲，然

後舉機拍照。畢竟，旅客逗留澳門的平均時間只有 1.2 天（《市民日報》，2019 年 7 月 31 日），無論喜歡與否，他們很快就會離去，剩下澳門人每天跟這些為旅客而設的景觀共處。如新葡京、星際酒店及金沙酒店，都跟澳門半島民居距離很近。其中，新葡京就被本地人認為非常礙眼（《新生代》月刊，2009年 8 月）。

在路氹城，更大型更奢華的賭場酒店如威尼斯人、新濠天地、永利皇宮及巴黎人雄據整個區域，跟氹仔舊城區的簡樸形成強烈對比，亦成了很多氹仔居民的窗外景觀；這華麗浮誇的路氹城就彷如澳門中的異域。2013 年，漁人碼頭改建，拆了假火山，建成了布拉格主題酒店。弔詭的是，澳門本來就處處存在歐式古蹟，但為何從威尼斯人酒店、布拉格酒店到巴黎人酒店，一直建造仿歐洲的新建築？

John Urry（2002）提出「觀光客的凝視」（tourist gaze）的重要概念。他指出，由於旅行觀光的目的是偏離常軌，旅客渴望平凡無奇的日常生活所沒有的刺激，而觀光消費的重點則是視覺體驗。當旅客四處尋找凝視的對象，旅遊目的地就把自身「客體化」，甚至提供奇觀，讓旅客有特殊快感。凝視者與被凝視者之間，存在著不對等的權力關係，前者（付錢的人）總是操控著後者。旅遊城市會漸漸為了被旅客「凝視」而妝點自己、改變自己、發展自己。Urry 亦指出，觀光是遊戲，沒可能了解一個地方的真實文化，而旅客不切實際的幻想更會摧毀旅遊目的地。

旅遊業是生金蛋的雞，社會資源常常被不加節制地利用。旅遊城市為了擠出空間取悅遊客，有時會犧牲本地資源。例如新加坡面積小，為了旅遊業發展，就拆除唐人街的老商店去興建大酒店（Urry, 2002）。城市景觀與既有文化因遊客對奇觀的渴望而被改變，與本地人漸行漸遠。在今天的社群媒體時代，「觀光客的凝視」這概念更為重要；旅客凝視、拍照再分享，然後放上網期待別人按讚。這文化中，奇觀更加必須存在。

　　觀光業把城市空間商品化，在地文化受到挑戰。於是，城市的品味與景觀拱手讓給旅客，甚至整個地方的發展權都會交給旅遊業，例如把住宅區發展成景點，把居民休憩區發展成旅遊購物區。本來有數百年歷史的澳門，就被一種速食的、講求視覺刺激的觀光業所威脅。這就是今天澳門的困局：對大陸旅客來說，賣相比較平實的真歐洲式古蹟的吸引力，不如仿歐洲的豪華賭場酒店。於是，過去幾年，真古蹟在城市發展的巨輪下備受威脅，引起好幾次保育運動，但同時，仿古的新建築卻是建了一幢又一幢。

　　旅遊城市的命運是被觀看。一個旅遊城市總想滿足旅客，卻往往忘了本地居民的需要與感受。尤其在澳門，人口只有 68 萬，旅客每年卻有 3,000 多萬。可想而知，在驚人的經濟利益下，本地人是可以輕易地被忽略的。Luke（2010）指出，澳門模仿拉斯維加斯，「破壞性地創造一個新澳門」（destructively creates a new Macau）。這個「新澳門」的建築風格跟本土歷

史文化無關。Tim Simpson（2013）亦發現在旅遊業下，澳門連接全球，卻跟本土失去聯繫。在 Hannigan（2007）眼中，賭城是當今城市發展及消費文化的全球模範，而二十一世紀的城市都受拉斯維加斯模式影響，呈現浮誇奇異的風格。

因此，澳門絕非個別例子。華欣是以往泰國皇室度假的地方，以海灘聞名，遊客眾多。近幾年，華欣建了不少新景點，例如：仿照威尼斯建的購物中心小威尼斯（The Venezia）、仿照希臘小島建的主題樂園（Santorini），以奇觀吸引遊客。雖然有自然資源與文化遺產，華欣還是要建奇觀式景點。

跟澳門一樣，華欣反映了旅遊業的發展邏輯：奇觀越多越好。一個地方的景點越多，即是代表它旅遊價值越高。現在市面上的旅遊書每一、兩年就更新，市場渴求新景點，以旅遊業為經濟支柱的地方更不能沒有新建設。再加上現在旅客重遊一個地方的機率大增，例如不少港澳人去泰國、日本及台灣等地旅行的次數頻繁，作為旅遊勝地更需要有新元素。以往，景點多是固有的人文景物或自然風光，如中國故宮或黃果樹瀑布，最初不是為了旅客而設；今天，新建的奇觀式景點成了旅遊業新趨勢。

Miles and Miles 指出，在賭城文化中，形象與幻象戰勝真實（Hannigan, 2007）。在旅客的貪婪目光中，平常的真實比不上特別炮製的刺激形象與炫目幻象。然而，為旅客提供奇觀的代價是不小的：可能是城市空間的觀光化，可能是一個原始部落

的「動物園化」，可能是對本土文化的粗暴摧毀。

　　同樣作為賭城，澳門比拉斯維加斯脆弱得多。拉斯維加斯座落沙漠上，空間廣闊，因此，走出那條賭場大道，還是有寧靜社區，但在彈丸之地澳門，原有空間擠滿遊客，珍貴土地用以建設景點或酒店。澳門的大三巴是宗教遺址，如今擠滿遊客，充滿嘈音；路氹城是填海地，大部分空間用來建設賭場。在 2009 年，澳門政府公布約 360 公頃的填海計畫，多數土地是作居住地及公共設施用途，市民期待新填海地能收亡羊補牢之效，為本地人提供生活空間。

　　旅遊業現今是僅次於石油和金融的世界第三大產業，全球有 12% 人口從事相關工作（Becker, 2013）。表面歡樂的旅遊業有不為人知的黑暗一面，包括大型遊輪排出大量汙水，南亞勞工在杜拜幾成奴隸，柬埔寨吳哥窟附近的酒店抽地下水造成地層下陷等，還有威尼斯老城區人口只有 6 萬，卻要每年迎來 2,000 多萬的遊客（Becker, 2013）──威尼斯的情況，不就是跟澳門如出一轍？而且，也有人指出在今天的旅遊業中受益的多是跨國大企業，而非本土小企業（Nowicka, 2007）。曾被稱為百利而無一害的「無煙工業」旅遊業，已令學者反思，令市民質疑。

　　然而，旅遊業在全球經濟頹勢中逆流而上，再加上它不需要什麼根基，不像發展高科技產業或打造一個金融中心絕非一朝一夕之事；旅遊業需要的只是一些觀光資源，例如海灘或古蹟；先

天不足的，就建 outlet、大佛、大型賭場、主題樂園，吸引慾望無限的旅客。澳門有深厚的歷史文化，也要提供奇觀。

根據 Hannigan（2007）觀察，在賭業下，最壞的情況是賭場取代民居，擠走社區經濟，破壞原有文化與遺產。不幸地，部分情況已在澳門發生。Urry（2002）強調，本地人與旅遊業的衝突難以避免。在澳門，急速的發展令本地人感到失望與困擾，而保育運動就展示了他們的抵抗以及本土身分的浮現。

四、捍衛本土：城市保育運動

當澳門的天際線改變，城市景觀奇觀化，澳門人同時也以城市空間建構本土認同；這種張力，表現在多次的保育運動中。保育問題是澳門回歸後最受社會關注的議題之一（譚志廣，2018）。從 2001 至 2013 年，發生過起碼十五次關於自然環境、城市景觀及文化遺產的保育運動（林翊捷，2014）。

長久以來，澳門人沒有鮮明的本土身分。政治上，澳門人以往沒有透過殖民政府建立認同；經濟上，澳門人沒有因為賭場生意而驕傲；文化上，長期積弱的澳門媒體少有深入挖掘本土議題，未能提供一個建構本土身分的平台。在教育方面，澳門的基礎教育很少本地元素，本土學術研究的起步亦晚，第一所公立大學澳門大學在 1991 年才成立。人文社科研究薄弱，例如直到 2008 年澳門大學才成立了全澳門第一個歷史系。種種原因，導

致澳門沒有建構出本土論述與身分認同（李展鵬，2013）。

直至 1990 年代末，情況才稍有變化。首先，1999 年的回歸令澳門被外界關注。雖然澳門回歸受注目的程度遠不及香港，但這歷史契機仍然催生了本土話題，關於澳門的歷史、政治及經濟前景等等，而《基本法》中的「澳人治澳」亦是對本土身分的肯定。當時的討論或許欠缺深度，也帶著官方味道，甚至沒有深入民間，但仍為日後澳門身分的萌芽提供了土壤（李展鵬，2018）。

2003 年，澳門賭權開放之後，經濟一下子狂飆，同時各種社會問題也迅速湧現：大量外資改變澳門的面貌，大量外勞亦製造社會矛盾，澳門的生活環境惡化（Sheng and Gu, 2019）。此外，還有物價及房價高漲、交通擠塞、醫療服務供不應求、年輕人輟學入賭場工作等問題，令越來越多人關注本地新聞。

2006 年底，高官歐文龍因涉巨額貪汙案被捕，涉款超過 8 億澳門幣，其後在 2008 被判刑二十七年。這引起很多人思考：澳門的變化令人憂心，社會的黑暗一面也令人震驚，我們可以為這小城做些什麼？這個關鍵的問題，就埋下了後來「我愛澳門」、「守護我城」的本土論述。

當澳門人醞釀本土意識，澳門的歷史城區（包括二十幢舊建築及八個廣場）在 2005 年登上聯合國世界文化遺產，促成了本土身分的建構。文化遺產一直在澳門人身邊，但因為基礎教育中

的本土歷史非常薄弱，很多老建築當年也不對外開放，使澳門人跟文化遺產之間有一道鴻溝。2005 年是很特別的時機，當時回歸已有五、六年，澳門人已在尋找本土文化與自我身分；同一年，由澳門培道中學師生編著的《澳門街道的故事》（2005）及《澳門歷史建築的故事》（2005）在坊間引起迴響，很多人驚覺澳門的小街巷及舊建築有那麼多故事。聯合國的加冕可說及時不過：藉著被世界認可的世界遺產，澳門人終於有了可以寄託本土認同的文化代表，這是賭場做不到的 —— 因為在不少華人眼中「黃賭毒」仍是「偏門」的不光彩行業（李展鵬，2018）。

世界遺產給予澳門人一雙全新看自己的眼睛。不少澳門人長期用香港的國際都會標準，覺得澳門太小又不夠現代。但是，世界遺產的光環提供了另一標準：澳門沒有維多利亞港與地鐵系統，但這裡的歷史建築很珍貴，小與舊原來也是一個美好城市的標準，這想法帶來本土覺醒（李展鵬，2013）。此後，澳門人對於城市空間 —— 包括文化景觀與自然生態 —— 的敏感度大大提高；當公民意識成長，文化保育意識顯著增強（林翊捷，2014）。這一雙新的眼睛，抗拒著觀光客的凝視，也跟後來太側重經濟發展的城市政策產生矛盾。

有關世界遺產的爭議由此而起：一方面，世界遺產成了身分認同的平台，澳門人因澳門是個文化之城感到自豪；另一方面，政府想透過申報世界遺產推動旅遊業（譚志廣，2018），著眼的是經濟。但就像不少世界遺產所在地，旅遊業及都市建設為歷

史城區帶來巨大壓力，過多的旅客及過度的觀光商業活動令歷史城區負荷不了，產生交通、環境等問題，文物景觀也受到影響（朱蓉，2015）。

2013 年，在輿論壓力下，政府進行關於城市承載力的研究（趙偉兵，2014），但旅客量持續攀升。此外，旅遊業也帶動地產業，建築物往高空發展，破壞澳門的天際線。種種矛盾中，文化保護跟發展商利益的衝突顯得尖銳。在高官歐文龍貪汙案中，涉及不少公共建設，亦促使越來越多人關心文化保育（譚志廣，2018）。

在列入世界遺產的建築以外，其他古蹟亦開始受關注。澳葡政府早於 1976 年已有文物保護的法律，於 1992 年更公布《澳門文物名錄》，列出受法律保護的一百二十多個建築。但在殖民時代，澳門人不關心文物保護，只有少數政治精英參與相關決策（譚志廣，2018）。登上世界遺產之後，澳門人才知道舊建築的價值，但同時旅遊業與房地產發展威脅著文化遺產及周邊景觀，《澳門文物名錄》又二十多年沒有更新，最近幾年才加入了一些建築，不少文化遺產不受法律保護。過去逾十年，有關文化遺產的爭議從未平息。

2006 年，政府公布計畫清拆建於 1954 年的現代主義風格建築 —— 下環街市，改建成十四層高的社區綜合大樓，有學者、建築師及文化界表示不認同，但未形成很大的輿論壓力，街

市亦很快拆卸（譚志廣，2011）。真正引起社會廣泛關注的是藍屋仔。這座樓高兩層的藍色葡式建築是社會工作局辦公室，位於古蹟處處的望德堂區，而且，很多市民多年來都到該處辦事，頗有感情。2006 年 6 月，社工局宣布把藍屋仔改建為十多層高的大樓，引起強烈不滿，市民紛紛致電電台節目反對，表示政府應重視居民的集體回憶，不應因經濟發展而犧牲舊澳門風貌，並對於澳門閒適生活的消失感到可惜。政府隨後委託旅遊學院進行研究，結果無論是民間及專家都建議保留，改建計畫最終被擱置，是澳門保育運動的一場勝仗。

後來，燈塔景觀引起更大爭議。澳門半島有東望洋（松山）及西望洋（主教山）兩座山，殖民政府利用這兩個制高點建立地標，西望洋山頂是教堂，東望洋山頂是燈塔，為澳門人所熟悉的天際線風景。代表天主教的教堂與象徵航海業的燈塔，訴說的正是獨特的本土歷史。但在 2006 年，有發展商擬在東望洋山上興建比燈塔還高的超高樓，民間激烈反對，時事評論人黃東批評高樓高過東望洋山，影響山脊線的自然美感，破壞城市景觀（《訊報》，2006 年 8 月 19 日）。有市民組成「護塔連線」，在媒體、公開論壇發表意見，向政府施壓；另一團體「保護東望洋燈塔關注組」亦舉行座談會，有人甚至去信聯合國要求關注澳門世界遺產景觀。

此事受到聯合國關注，更發出黃卡警告，政府終於在 2008 年初立法限高。此乃澳門公民運動的里程碑，澳門人以專業知識

及社會行動捍衛文化遺產及城市景觀，是本土覺醒，也是主體性的建立。這場運動中，天際線成了爭議焦點，保護燈塔則內藏澳門的本土價值身分。

護塔事件之後，其他的保育運動不是每次都能發揮那麼大的社會效能，也有不少失敗例子；不少沒有被納入世界遺產的老建築雖然有價值，但還是被清拆，包括望廈兵營、高園街公務員宿舍、下環街均益炮竹廠等。但無論如何，種子已經播下，文化遺產的公共意識與公共參與已然成長（朱蓉，2015）。一方面，公眾進而關注土地利用及城市規劃；另一方面，保育論述結合了本土歷史、本土文化、身分認同，已超出純粹的古蹟保護。

這些保育事件拓展了有關世界遺產的論述：它是澳門人寄託自我身分的載體，又是澳門人所想像的賭權開放前的昔日象徵，成了對抗經濟過度發展的武器—— 當人們對於急速而欠缺規劃的城市發展感到無能為力，用世界遺產這一張「王牌」可以理直氣壯表達不滿。城市空間越是猛烈變化，市民的保育意識就越強烈，這就是空間在物質存在以外的象徵功能。

早在 1940 年代，建築與城市空間的象徵意義已被討論。研究波士頓的燈塔山（Beacon Hill）時，Walter Fiery（1947）發現這區域雖然很接近商業中心，但在過去一世紀都沒受到嚴重商業化，一直是寧靜優雅的上層社會住宅區，因為當地居民給予燈塔山象徵性的價值：傳統、威望、地位，波士頓人也以住在這

裡為榮，於是這區得以保留原貌。時至今日，燈塔山仍然保持寧靜優雅。過去十多年，澳門的世界遺產也被賦予了象徵價值，代表了本土文化，被市民用來拒絕經濟過度發展。

研究「符號互動論」（symbolic interaction）的 Lyn Lofland（1991）指出，城市形象是社會性的、文化性的，跟當地人的基本價值觀有關。一旦城市形象成形，它就可以塑造城市生活，也影響城市規劃。世界遺產景觀作為澳門的城市形象，對外吸引遊客，對內凝視澳門人的本土價值。這形象跟華麗浮誇的大型賭場形成對比，成了本土文化的符號，連結了一種抗拒過度發展的社會價值，最終化成了左右城市規劃的力量。

其實，古蹟雖屬於過去，卻又在當下發揮作用。Svetlana Boym（2002）指出，文化遺產表面上代表已經凝固的歷史，但意義卻是當下的、開放的、不確定的；它是當代人建構出來的情感結構。人們會爭奪對它的詮釋權，最後使用它來解釋或解決當下問題。

例如在中國，看到萬里長城，秦朝的百姓想到的可能是暴政，當年的士兵想到的可能是殺戮，但今天，它卻被詮釋為代表了中華民族。有關長城的論述，通常是「偉大」、「建築奇蹟」、「中國人的驕傲」，而不是「暴君」、「戰火」或「生靈塗炭」。這套論述的基礎，是近代中國的民族主義語言（李展鵬，2013）。當代的脈絡，決定了文化遺產如何被理解。澳門

歷史城區的意義也是當代的：首先，澳門人長期以來渴望擁有向外宣示澳門獨特性的文化象徵，並藉此建構本土身分；第二，澳門人的保育意識建基於對賭業過度發展的不滿。文化遺產成了代表性的澳門城市形象，訴說的是當下的故事——一個純樸小城被迅速捲入全球化巨浪，並跌跌撞撞地尋找本土身分的故事。

除了文化保育，還有同是關於城市空間的生態保育。過去十多年，雖然受爭議程度不及古蹟，但自然保育亦聯繫本土身分，例如氹仔小潭山的保育運動就釋放出「我愛澳門」的論述。長久以來，本土身分薄弱的澳門人對於「我愛澳門」這句話難於啟齒；人們會說澳門有人情味，澳門小而美，登上世界遺產之後甚至敢說澳門有文化，但少有「我愛澳門」的論述（李展鵬，2018）。然而，2011年有發展商擬在小潭山上建高樓，破壞環境及景觀，引起官員、議員與民間齊聲反對，興起保育運動。在抗議聲中，「我愛澳門」一語風行。

當時，時任文化局局長吳衛鳴在小潭山工程的公聽會中表達對生態環境的擔憂。他說：「計畫興建的高樓好像屏風，擋住山的風景。」他反對這計畫，並表示：「我真的很愛澳門！對不起，我可能有點激動。」（《市民日報》，2011年5月20日）經過傳媒報導及網上討論，不但引起更多人關注小潭山，「愛澳門」的宣言也流行起來，在坊間及網上，「愛澳門的人請關心小潭山」、「我愛澳門因此不能沉默」、「致所有深愛澳門的人」等表述，不絕於耳；這種論述後來更凝聚了很多社會力量。

小潭山事件也呼喚了本地藝術家用獨特方式關注社會：一群創作人參照大陸的知名行為藝術作品《為無名山增高一米》，拍了《為小潭山增高一米》，全裸在山頂上用疊羅漢方式為山體增高一米，宣揚人與自然應有的親密關係，也鼓勵市民關心澳門的自然環境與城市空間。這張攝影作品，為澳門創作人的社會參與寫下重要一頁，也展現了本土價值。

過去十多年，城市空間是澳門的「戰場」。地產商及賭場企業爭奪它，宣示在澳門的權力；民間則捍衛它，用它來建立本土身分。這空間戰爭既反映政治經濟局面變化，也反映本土意識的成長。這種因反對賭城主義而起的城市運動並不限於澳門。以美國費城為例，2004 年賭場合法化，當地人擔心賭場會為社區帶來負面影響，造成交通問題、視覺汙染及身分的喪失；於是一群費城人組成「設計倡議小組」（Design Advocacy Group）表達意見（Hannigan, 2007），而城市規劃、建築、文化保育就是這小組的關注焦點。

今天，珍貴的城市空間是全球經濟的關鍵元素。有了精細地圖及地籍調查，城市可被分割成用來交易的小塊土地，在土地財產權的清晰界定下，空間成為可買賣的商品（Parker, 2003），而各種城市運動就是對城市空間商品化的不滿。在西方，城市爭議常牽涉居住空間、公共服務、環保問題及城市政策等（Parker, 2003），關注空間的公共性、發展的可持續性、城市規劃的民主化。而在澳門，文化及自然保育就抗拒著空間商品化。

這些運動不只捍衛一幢建築或一座山等物理空間,背後還有關於城市的想像:空間不應該是商品,一個成功的城市必須是公共的,政府應該控制企業的行為(Parker, 2003)。今天,一些政府與發展商把城市想像成賺錢工具,並提供經濟成果的幻象,而城市運動則提供另一想像:城市應該要有文化價值、本土記憶、自然環境,以及市民的決策參與。Lefebvre 說:「明日的城市要建立在今天的夢想上」(見 Parker, 2003)。而澳門人在過去十多年就透過城市運動,努力建立在賭城主義以外的城市想像。

五、結語:我們的城市權

Lefebvre 指出([1974] 1991),資本主義中的社會過程一定牽涉空間特性,不思考空間就難以理解社會中的權力關係。Castells(1977)則提出每個城市人都應該思考的關鍵問題:城市到底是為了誰及反對誰而運作?在今天的澳門,我們要問:誰有特權占用城市空間?誰又被剝奪了空間的使用權?以上問題內藏的矛盾,正是澳門保育運動背後的脈絡。資本把空間商品化,以剝奪空間來鞏固自身,但也會製造社會矛盾,這些衝突就顯現在城市空間的爭議(Lefebvre, 1976b)。Lefebvre(1968)提出「城市權」(the right to the city)的概念,讓市民主導城市空間,讓日常生活脫離資本主義組織;他認為這就是政治改革的關鍵。

經過無數次填海之後，澳門今天仍只有三十多平方公里，空間爭奪戰持續激烈。澳門天際線的改變顯示不同時代的權力，城市空間的奇觀化反映賭城主義，地產業發展也威脅著城市景觀。面對這些巨變，結合本土論述的保育運動拒絕城市空間被商品化、奇觀化。空間是個戰場，是全球化力量與澳門人原有生活與本土價值的爭戰。澳門只是個小城市，但其空間經驗卻是城市空間研究的絕佳案例。

參考文獻

朱蓉，2015，《澳門世界文化遺產保護管理研究》，澳門：文化局。

李展鵬，2013，《在世界邊緣遇見澳門》，澳門：澳門日報出版社。

李展鵬，2018，《隱形澳門：被忽視的城市與文化》，台北：遠足文化。

林翊捷，2014，〈澳門民間保育運動的發展〉，吳志良、赦雨凡、林廣志及婁勝華編，《澳門經濟社會發展報告（2013-2014）》，215-223頁，澳門：澳門基金會。

林發欽編，2005，《澳門街道的故事》，澳門：澳門培道中學歷史學會。

林發欽編，2005，《澳門歷史建築的故事》，澳門：澳門培道中學歷史學會。

趙偉兵，2014，〈澳門城市承載力與世界旅行休閒中心建設〉，吳志良、赦雨凡、林廣志及婁勝華編，《澳門經濟社會發展報告（2013-2014）》，321-330頁，澳門：澳門基金會。

譚志廣，2011，《澳門的文化遺產保護：問題、政治與政策》，澳門：
　　澳門文物大使協會。

譚志廣，2011，《澳門文化遺產保護：公民參與的策略》，香港：城市
　　大學，2018。

Becker, Elizabeth. 2013. *Overbooked: The Exploding Business of Travel and Tourism*. New York: Simon & Schuster.

Boym, Svetlana. 2002. *The Future of Nostalgia*. Plymbridge: BasicBooks.

Castells, Manuel. 1977. *The Urban Questions*. London: Edward Arnold.

Clarke, David. 1997. *The Cinematic Cities*. London and New York: Routledge.

Daniell, Thomas. 2015. "Artifice and Authenticity: Postcolonial Urbanism in Macau," Chap. 3 in *Asian Cities: Colonial to Global*, edited by Gregory Bracken, 69-94. Amsterdam: Amsterdam University Press.

Fiery, Walter. 1947. *Land Use in Central Boston*. Cambridge, Massachusetts: Harvard University Press.

Hannigan, John. 2007. "Casino Cities," *Geography Compass*, 1(4):959-975.

Lefebvre, Henry. 1968. *Le droit a la ville*. Paris: Anthropos.

Lefebvre, Henry. 1976a. "Reflections on the Politics of Space," *Antipode*, 8(2), 30-37.

Lefebvre, Henry. 1976b. *The Survival of Capitalism: Reproduction of the Relations of Production*. London: Allison and Busty.

Lefebvre, Henry. [1974] 1991. *The Production of Space*. Oxford: Basil Blackwell.

Lofland, Lyn. 1991. "History, the City and the Interactionist: Anselm Strauss, City Imagery, and Urban Sociology," *Symbolic Interaction*, 14(2):205-223.

Luke, Timothy. W. 2010. "Gaming Space: Casinopolitan Globalism from Las Vegas to Macau," *Globalizations*, 7(3):395-405.

Nowicka, Pamela. 2007. *The No-Nonsense Guide to Tourism*. Oxford: New Internationalist.

Parker, Simon. 2003. *Urban Theory and the Urban Experience: Encountering the City*. London: Routledge.

Sheng, Mingjie and Gu, Chaolin. 2019. "Economic Growth and Development in Macau (1999-2016): The Role of the Booming Gaming Industry," *Cities*, 75:72-80.

Simpson, Tim. 2013. "Scintillant Cities: Glass Architecture, Finance Capital, and the Fictions of Macau's Enclave Urbanism," *Theory, Culture and Society*, 30(7/8):343-371.

Soja, Edward. 2008. "Taking Space Personally," in *The Spatial Turn: Interdisciplinary Perspectives*, edited by Santa Arias and Barbara Warf, 11-35. London: Taylor and Francis.

Strauss, Anselm. L. 1961. *Images of the American Cities*, Glencoe: Free Press.

Urry, John. 2002. *The Tourist Gaze*. London: Sage.

Warner, Sam. 1984. "Slums and Skyscrapers: Urban Images, Symbols and

Ideology," in *Cities of the Mind: Images and Themes of the City in the Social Sciences*, edited by Lloyd Rodwin and Robert M. Hollister, 181-195. New York: Springer US.

肆、澳門與中國及葡語國家的關係──從國家（地方）品牌到軟實力

馬天龍

一、引言

　　澳門特別行政區的對外行為具有顯著特徵。儘管港澳兩地的憲法框架非常相似，但澳門卻被中國整體外交政策賦予了獨一無二的地位。自 1999 年葡萄牙將澳門管治權交還中國後，這座城市持續成長並於 2006 年躋身全球頂尖的博彩轄區之列，迄今已成為了舉世聞名的「亞洲拉斯維加斯」。然而，澳門在國際舞台上扮演的另一個角色或許在當時未能引起人們注意，卻已備受中央政府高度重視並發展成為里程碑。2003 年，隨著中國一葡語國家經貿合作論壇（澳門）的成立，北京賦予了這座城市新的角色——打造推動中國與一組具共同特徵國家之間關係的平台，這些國家與澳門使用相同的官方語言、都曾是前葡萄牙帝國的組成部分且擁有共同的歷史。[1]這一功能角色建基於澳門與葡萄牙、前葡萄牙沿海貿易站及遍布四大洲（歐洲、非洲、美洲和亞洲）的葡屬殖民地之間，積累了數百年的關係紐帶。本文認為，要認識澳門特區在過去十六年間作為中葡關係的動態，應從兩個相互關聯的關鍵概念出發，即軟實力和國家（地方）品牌，因為我們將澳門和中葡論壇定位為中國向全球施展魅力攻勢和軟實力的組成要素，且尤其關注發展中國家。故此，有必要簡單地描繪中國全球行動力的振興，這要求國家深入參與現有的國際組織，並建立

---

[1]　關於中國與葡語國家關係以及澳門在中葡關係中所發揮作用的綜合討論，請參考：Mendes, Sales Marques, Matias, Cardoso, Zumpano and Helena Rodrigues (2011); Iong (2011) and Alves (2008)。

由中國主導的多邊組織和機制，覆蓋區域和跨區域層面，中葡論壇恰是當中的組成要素之一。本研究涵蓋了國與國之間的外交政策問題，以及城市、區域對外關係的更細緻概念。透過分析，我們感知中國整體外交政策與澳門被賦予具體角色之間的相互作用。然而，澳門並非普通的非中央政府單位。因此，我們隨後嘗試描繪澳門作為非中央政府外部參與者的特徵，並將這座城市的歷史、文化、經濟和「一國」體制下的憲法框架及澳門《基本法》規定的「兩制」納入考慮。以上調研將向我們展現澳門特區在獲得中央政府授權的前提下，城市實現對外事務自主的物質條件和形式條件。

回顧澳門對外關係要點後，我們深入探討中葡論壇，評價過往五屆部長級會議、合作行動綱領的要點及至今已取得的成就。澳門特別行政區已成立了二十年，在中國外交政策和對外行動中發揮作用並被國家納入兩大發展規劃，即對外的「一帶一路」倡議和對內的粵港澳大灣區建設。澳門作為中葡關係功能平台的定位，在這兩大規劃的框架內得到實現。最後，我們對澳門履行中葡服務平台和中葡樞紐等指定任務的能力進行了簡要評估；同時，隨著中葡論壇和澳門特區在「一帶一路」倡議和粵港澳大灣區建設中發揮越來越重要的作用，我們探索未來可能的發展方向；然而，這一切取決於澳門能否勇於向葡語國家運用並展現中國軟實力，又或只能單純地扮演國家（地方）品牌和公關外交的工具，未能主動積極地發揮領導作用。

二、軟實力與國家─地區品牌

「軟實力」一詞通常與「吸引的能力」的概念相搭配。事實上，吸引力是成功締造軟實力策略的基石，同時能夠促使他人產生希望效仿某一參與者價值觀和規範的願望。正如 Nye（2004, 1-2）所述：「軟實力不僅僅是說服或透過辯論打動他人的能力，儘管這是當中重要的組成部分；軟實力還是吸引他人的能力，吸引力往往會導致默許。透過以身作則，吸引他人完成你心中所想。」他補充說，一個國家的軟實力主要取決於三大資源：文化、政治價值觀和外交政策。儘管以上見解最初以美國為中心，但在很大程度上能夠用於國際體系中的其他主要參與者。

這與地方和國家品牌的概念交織在一起。軟實力旨在提升一個國家（地方）的吸引力，因此它在地方品牌的概念中根深柢固。「基本假設是當今的國家、地區和城市等地域實體已經能夠如公司或產品一樣打造自己的品牌」（Zhang, 2011, 14），調動資源向海外國家進行形象推廣。Simon Anholt（1998）結合公關外交理念，以創新方式進一步探討軟實力概念。聲譽建設至關重要，因此，Anholt（2011）強調：「若一個國家嚴肅認真地對待自身國際形象的提升，就應專注於產品開發和推廣，而非憑空追逐品牌的幻想。」他認為，這能夠透過由三大元素組成的協調過程實現，即策略、實質要件和象徵性行動。同樣地，McGifert（2009, 2）援引 Mead（2004）指出：「對國家經濟成就的預測能夠令其他國家相信，該國日益強大的影響力是可取且

不可避免的，甚至可能是永久的。」總而言之，有效的地方品牌推廣有助於向國際觀眾灌輸更積極和持久的觀點，因此，這為提升國家的軟實力鋪平了道路。國家（地方）品牌是軟實力的工具之一，與 Nye 提出的三大資源息息相關：文化、政治價值觀和外交政策。凡穎（2008）則糅合了三個關鍵概念：軟實力、國家品牌和公關外交。國家品牌是一個國家作為整體重塑國際輿論的方式；公關外交則是國家品牌下的一個子集，專攻國家政治品牌。成功的國家品牌推廣活動有助於在國際觀眾中塑造更正面且持久的形象。凡穎（Fan, 2008, 155）指出：「國家品牌可以成為推動國家軟實力發展的重要工具。成功的國家品牌推廣活動將有助於在國際觀眾中樹立更有利的形象，從而進一步增強國家的軟實力。」對一個國家的軟實力而言，非中央政府和其他地方單位發揮著越來越重要的作用。這些組成尤其適合擔當中央政府整體策略的補充成分。

我們認為，在某些情況下，它們是實現這一策略的理想工具。硬實力取決於脅迫或使用武力等方式，且一般透過中央政府特權實現；然而，當要實施以吸引其他單位為主旨的策略時，地方機構往往處於有利地位，因為這些機構不存在軍事目標，也不直接參與政治權力平衡，且大多是創新的場所。此外，正如 Neves（2010）所指，非中央政府單位的對外關係或可成為鞏固國家軟實力的關鍵助力，這有賴於次國家政府對外事務所涵蓋的問題領域：貿易、投資和經濟合作；教育和人力資本；人口流

動；科學和技術；文化和身分（圖 4-1）。

在分析非中央政府單位的對外關係時，應該思考 Brian Hocking（1993）提出的理論成效，即在國際關係顯著全球化且次國家政府發揮著關鍵作用的背景下，他將多層次外交概念化。這在聯邦體制中尤為顯著，其中「各級政府之間的內部交往；同時，政治環境以邊境流動和問題複雜程度為特徵，並在確定政府適當角色和責任的持續過程，向其添加國際維度」（Hocking, 1993, 31）。

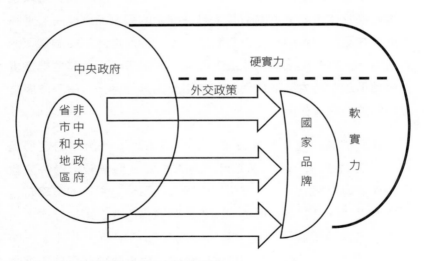

圖 4-1　軟實力與非中央政府之間的動態

三、中國重振全球行動力

　　軟實力是中國冷戰後戰略的重要組成部分。北京持續採用不同的軟實力資源，且重點關注文化和外交政策。中國過去十年間在世界事務中所採取的立場和推行的非正式外交舉措，被 Joshua Kurlantzick 稱為「魅力攻勢」。根據 Joseph Nye 提出的軟實力理論，Kurlantzick 做了進一步擴展，將正式外交和投資行為視作中國「魅力攻勢」的軟實力工具（Kurlantzick, 2007, 7）。掌握中國對多邊主義的態度同樣重要，不僅是多邊機構，還包括中國建立的區域和國際機制，這些機制均具某些多邊主義特徵；然而，卻有人將其打上中國領導多邊主義企業的標籤。最近十五年來，中國成為了新的多邊論壇推動者，例如 2000 年成立中非合作論壇（FOCAC）、2003 年成立中葡論壇並將論壇總部設在澳門，以及凝聚了中國和阿拉伯國家聯盟 22 成員國的中阿合作論壇（SACF）。按照王逸舟（2012, 124）提出的設想，這些被打上中國主導多邊主義企業烙印的組織可被理解為「創新參與」，「它強調中國外交的領導力、主動性和建設性」。內外因素持續合力塑造中國全新的外交和全球活動。繼鄧小平提出改革開放後，引入外資並透過技術轉讓獲益，為國家現代化奠定了基石。此外，隨著中國推進經濟結構調整，能夠持久且穩定地獲得礦產、石油、天然氣和其他資源便更顯關鍵。

　　鄧勇強調，中國在國際架構傾於多極化的後冷戰時代推行深度社會化。作為一名負責任的利益相關方，它於 1990 年代踏上

了嶄新的道路，贏得了海外受眾的廣泛認同。此番舉動還旨在駁斥「中國威脅論」，減輕人們對中國崛起的恐懼，提升國家的受歡迎程度。對國際機制的承諾重新煥發活力，同時致力「打擊潛在敵對勢力並獲得塑造國際環境的主動權」（Deng, 2008, 137）。自習近平接替胡錦濤出任國家主席兼中共總書記以來，中國就背離了鄧小平「善於守拙、絕不當頭、韜光養晦、有所作為」的思想，以更加自信和高調的態度處理國際事務。「一帶一路」倡議被形容為習近平的心血結晶，是中國綜合外交政策和對外事務策略的「新時代」縮影。這一宏大願景以基礎設施建設和投資為主要目標，旨在擴大和深化中國的「對外開放，加強與亞洲、歐洲、非洲及世界其他地區和國家之間的互利合作」（NDRC, 2015）。中央政府介紹，「一帶一路」倡議旨在「努力實現區域基礎設施更加完善，安全高效的陸海空通道網絡基本形成，互聯互通達到新水平；投資貿易便利化水平進一步提升，高標準自由貿易區網絡基本形成，經濟聯繫更加緊密，政治互信更加深入；人文交流更加廣泛深入，不同文明互鑑共榮，各國人民相知相交、和平友好。」（NDRC, 2015）為實現上述目標，當局提出以政策溝通、設施聯通、貿易暢通、資金融通、民心相通為主要內容，深化雙邊合作、充分利用現有雙多邊合作機制等，其中以北京過去二十年間建立的機制及由中國扮演核心角色的機構最為重要，如中非合作論壇、上海合作組織（SCO）、中國－東協「10+1」機制、亞太經合組織（APEC）、亞歐會議（ASEM）、中亞合作論壇（CASCF）、中國－海灣合作委員會

戰略對話或大湄公河次區域經濟合作機制（GMS）等。與此同時，各論壇、國際展覽、展會和平台也應發揮作用。國家發展和改革委員會公布的藍圖中沒有提及中葡論壇，但該組織必將成為被國家採用的機制之一，因為它的名字出現在多份官方文件和演講中。

四、外部參與者——中國澳門

　　改革開放四十年，全國各省市和主要城市等非中央政府單位已融入了中國全球行動的更廣泛背景。正如陳志敏、簡俊波和陳迪宇所強調的，國家嚴謹的中央集權本質讓路予較分散的專制管治，此舉在各省的對外交往中得到體現。各省市開始承擔促進經濟社會發展的責任並發揮作用，他們「被賦予權力，可酌情處理對外經濟事務，例如管理當地外資貿易企業、推廣對外貿易、引入外資並審批當地外商的投資項目」（Chen, Jiang, Chen 2010, 333）。廣東、福建、浙江和上海市等沿海省市率先成為經濟改革和引入外資的試點。1980 年創立的深圳經濟特區和珠海經濟特區正是當中的典範。這兩個經濟特區分別與香港和澳門接壤而居，且距離中國先後與英國、葡萄牙就 1997 年設立香港特別行政區和 1999 年設立澳門特別行政區發表《聯合聲明》僅四年和七年，這絕非巧合。在這種情況下，澳門成為了獨一無二的次國家行動者。這座城市擁有全球城市的特徵；同時，特別行政區成為世界事務中的新生政體，繼承了兩個歐洲大國國際交往

的百年歷史，即澳門的葡萄牙和香港的英國。港澳兩地在回歸中國的過程中，強化了各自作為外部參與者的混合性質。

在澳門特別行政區成立之初，Susan Henders（2001）立足於由新興非中央政府單位組成的後威斯特伐利亞世界，進行概念化並將澳門定位為混合型外部參與者。這符合 James Rosenau 提出的多中心世界，即與傳統以國家為中心的維度共存（Rosenau, 1988）。作為中國的特別行政區之一，同時作為外部參與者，澳門的獨特性和混合性還源於這樣一個事實：一方面城市的自治權藉《聯合聲明》的發表獲得了國際認可，同時，中央人民政府根據《中華人民共和國憲法》第三十一條做出授權。[2] 澳門《基本法》第十三條對澳門的對外事務授權也列明了規定，即中央政府「負責管理與澳門特別行政區有關的外交事務」，同時北京「授權澳門特別行政區依照本法自行處理有關的對外事務」。[3] 第一百三十六條中羅列了具體領域，即澳門特區以「中國澳門」的名義，「在經濟、貿易、金融、航運、通訊、旅遊、文化、科技、體育等適當領域，單獨地同世界各國、各地區及有關國際組織保持和發展關係，簽訂和履行有關協議」（Macau Printing Bureau）。《基本法》強調「外交」與「對

---

[2] 《中華人民共和國憲法》第三十一條規定：「國家在必要時得設立特別行政區。在特別行政區內實行的制度按照具體情況由全國人民代表大會以法律規定。」

[3] 參閱 Cardinal 和 Zhang（2012）。

外事務」的雙項式：前者是由中央政府全權負責的唯一領域，後者是由中央政府授權特區處理的對外領域。[4]中國中央政府與地方政府之間存在明確劃分的領域和事項，但《基本法》第七章所列之重點協調領域和灰色地帶也確實存在。Miguel Santos Neves設計了一個四層對外關係圖，按照中央政府授予的自主權程度分成不同層次，如圖 4-2 所示（Neves, 2002）。

圖 4-2　澳門對外事務自主（以 Neves[2002] 的理論為基礎）

「政策制定」為積極的自主領域，由地方政府根據中國整體對外事務政策實施。接下來的「有條件自主」與上述澳門《基本法》第一百三十六條有關。第三層為「限制性自主」，即需獲得北京特別授權的協議和協定，例如互免簽證協定等事宜。最後的是「消極領域」，即自主事務的消極領域，包括國防和外交等由中央政府全權處理的事務。回歸二十年以來，澳門根據《基本法》享有自主權，並始終在國家的外交政策和全球行動中發揮作用，成為中國多層次全球拓展戰略的組成部分。正如曾令良（Zhen, 2009）所強調的那樣，澳門「行動力」的品質不曾以任

4　參閱沈旭暉（Shen, 2011）對香港回歸後的對外自主事務做了分析。

何方式妨礙主權政策的施行範圍。相反，它補充和提升了中國在全球舞台上的地位。這符合 Neves 研究城市和地區在國家外交政策中發揮作用時所採用的方法——有助於「在日益複雜的世界背景下調整外交政策，因為非中央政府單位能夠顯著地促進其利益，同時符合中央政府的要求、與中央政府分享成本和資源，成為國家外交政策的補充」（Neves, 2002）。澳門特別行政區的對外事務優先事項可追溯至與葡萄牙、葡語世界和歐盟的歷史聯繫。正因如此，澳門特區政府分別在里斯本（葡萄牙）、布魯塞爾（歐盟）和日內瓦（世界貿易組織）設立駐外經濟貿易辦事處。此外，隨著 2002 年博彩行業改革，美國投資蜂擁而至，當地行業巨頭永利、金沙和美高梅成為澳門博彩業主要持分者，令這座城市與華盛頓的關係越顯重要，同時為澳門創造了驚人的博彩收入，並推動澳門轉型成為世界頂級博彩管轄區。繼 2002 年開放博彩行業及 2004 年首家外資娛樂場正式開幕後，澳門城市博彩收入遠超拉斯維加斯，躍升為世界頂級博彩業轄區。儘管如此，這座城市打造的國際形象並未局限於舉世聞名的「亞洲拉斯維加斯」；透過在澳門設立中葡論壇，北京結合這座城市獨有的歷史遺產和在國家全球行動中扮演的角色，賦予澳門特區新的職能。

五、改寫歷史的中葡論壇

中國—葡語國家經貿合作論壇（澳門）（Macau Forum）於

2003 年成立，並將澳門定為論壇常設祕書處總部所在地及高級別會議舉辦地，這成為了澳門特別行政區作為外部參與者的分水嶺。得益於澳門與前葡萄牙帝國橫跨數個世紀的遠洋經濟和文化交織的歷史，中央政府為澳門保留了這一角色。在 1999 年回歸前，葡萄牙政府就已提出由澳門擔任中國與葡語國家溝通平台的角色，但直至中葡論壇的成立，這一提議才最終在制度上實現。在中國中央政府的倡議及國務院商務部的支持下，中葡論壇於 2003 年成立。中葡論壇作為國際關係的新鮮事物粉墨登場，匯聚世界新興強國，為這八個跨越四大洲且使用同種官方語言的國家架設了溝通的橋梁，當中包括巴西（南美）、葡萄牙（歐洲）、東帝汶（亞洲）和非洲五國——安哥拉、莫三比克、維德角、幾內亞比索，以及聖多美普林西比。中非合作論壇成立三年後才建立中葡論壇，兩者之間有共同的特徵，例如成員國中包括非洲六個葡語國家、每三年舉行一次首腦會議（即部長級會議）並制定合作行動計畫等。然而，中葡論壇部長級會議主辦地定於澳門，中非合作論壇則輪流在北京或非洲某成員國的首都舉行。此外，為論壇活動提供支持和跟進的長期架構也存在差別。就中非合作論壇而言，中方後續行動委員會在北京設有祕書處，定期與非洲駐華外交使團會面；中葡論壇則在澳門設有常設祕書處，常設祕書處祕書長由中國國務院商務部任命，三名提供協助的副祕書長則分別由葡語國家、澳門特別行政區政府和中國國務院商務部任命。此外，中葡論壇常設祕書處還為每個葡語國家的代表提供由澳門配備和資助的輔助辦公室。

值得注意的是，自中葡論壇成立之初至 2017 年，位於西非的島國聖多美普林西比並未加入論壇。該葡語國家與台灣之間的外交關係一直維持至 2016 年 12 月，隨後才與中華人民共和國建交。2017 年 3 月，聖多美成為中葡論壇的成員國之一。眾所周知，聖多美普林西比官員於 2003 至 2016 年間獲非正式邀請，出席中葡論壇的多個不同活動。中葡論壇先後於 2003 年、2006 年、2010 年、2013 年和 2016 年成功舉行了五屆部長級會議，中國和葡語國家均在每屆會議上簽署《經貿合作行動綱領》，對未來三年中國和葡語國家間經貿等領域合作進行規劃。2003 年，時任國務院副總理吳儀來澳主持首屆部長級會議，並在會上確定了關於中葡經濟合作、政府間合作、貿易、投資與企業、農業、漁業、工程、基礎設施建設、自然資源和人力資源等諸多領域的合作內容和目標。2006 年，時任商務部部長薄熙來主持第二屆部長級會議。會議提出多個新的合作領域，包括多邊金融服務、中葡論壇金融合作機制、旅遊、交通、直飛航班和海上通道、醫藥與傳染病學合作、科學與技術和媒體合作，以及向葡語世界推廣中國形象、向中國介紹葡語國家文化、加強民間聯繫。2010 年舉行的部長級會議將中葡論壇提升至更高水平。時任總理溫家寶主持會議並在會上提出六大舉措，深化 2003 年和 2006 年推行的方案，包括中國內地和澳門的金融機構發起設立規模為 10 億美元的中葡合作發展基金；提供 16 億元人民幣的優惠貸款；提供物資設備、技術人才等方面的支持；在澳門設立培訓中心，為論壇亞非與會國培訓 1,500 名官員和技術人

員；提供為期一年的 1,000 名來華留學政府獎學金名額；並捐贈價值 1,000 萬元人民幣的醫療設備及器械。除第一項措施外，所有提案均以「論壇亞非與會國」為對象（Macau Government Information Bureau, 2010）。這意味著中國將巴西和葡萄牙列入發達葡語國家。溫家寶指出：「中葡論壇八個兄弟處於不同的發展階段。幫助發展中的葡語國家加快發展、擺脫貧困，是我們的共同責任。」（Chinese Government's Official Web Portal, 2010）

然而，10 億美元合作發展基金作為 2010 年會議推出的旗艦提案，卻歷時近三年才最終落實（Xinhua News Agency, 2013）。為葡語國家官員而設的中葡論壇培訓中心於 2010 年成立，為第三屆部長級會議的成果注入新動力。有別於往屆部長級會議，國務院總理沒有出席 2013 年舉行的會議，改由汪洋副總理主持。他曾於 2007 至 2012 年任職廣東省委書記，期間與澳門和香港密切合作。汪洋在開幕式上致辭時回顧溫家寶三年前提出的規劃，並且提出八項為亞非葡語國家而設的全新舉措，旨在進一步促進中葡關係發展（People's Daily, 2013）。這些舉措包括提供 18 億元人民幣優惠貸款，重點用於基礎設施和生產型項目建設；建設境外經貿合作區；為論壇亞非葡語國家各援建一個教育培訓設施，各援助一批廣播、電視、新聞設備，各援助一個太陽能照明應用項目；培訓 2,000 名各類人才；提供總計 1,800 名中國政府獎學金名額；派遣 210 人次的醫務人員；在澳

門建立中國與葡語國家雙語人才、企業合作與交流互動資訊共享平台；在教育培訓、農業、環境保護、新能源等領域開展三方合作。中國對葡萄牙和巴西等非亞非葡語國家推行不同的策略。中國商務部部長表明，論壇鼓勵中國、巴西和葡萄牙及其他葡語國家建立三邊夥伴關係。此外，《中國一葡語國家經貿合作論壇第四屆部長經貿合作行動綱領（2014-2016）》（Macau Forum, 2013）闡明了拓展合作領域或規模、鼓勵城市規劃、推動友好城市協定及加強青年領域的合作交流。至於澳門的平台作用，與會各國部長同意考慮支持澳門設立中小企業商貿服務中心、經貿合作會展中心和葡語國家食品集散中心。近十年來，中葡論壇常設祕書處和澳門特區政府各部門，例如貿易投資促進局等，積極參與舉辦貿易投資研討會和課程，主動為葡語國家商務代表團參加中國內地舉行的商品展銷會和展覽提供支持。

第五屆部長級會議迎來了中國總理李克強及維德角、幾內亞比索、莫三比克和葡萄牙總理。李克強在講話中回顧了中葡論壇自 2003 年以來取得的成就，介紹中國計畫推行的 18 項具體舉措，其中大多數提案以溫家寶和汪洋之前公布的政策為基礎，繼續向亞非葡語國家提供一攬子優惠和援助，包括提供 20 億元人民幣無償援助，重點用於農業、貿易投資便利化、防治瘧疾和傳統醫藥研究等民生項目；免除合計 5 億元人民幣無息貸款的到期債務；繼續派遣 200 人次的醫療隊；提供 2,000 名培訓名額，以及總計 2,500 人（每年）的中國政府獎學金名額。海洋領域是

該次會議提出的全新合作領域之一，當中包括藍色經濟和海洋事務。李克強承諾建設一批應對災害和氣候變化的海洋氣象觀測站等設施。中國與葡語國家展開海洋合作是理所當然的，因為所有葡語國家地處沿海地區，且大部分與大西洋毗鄰而居，有的位於印度洋和太平洋沿岸。然而，這一領域至今仍未被視作關鍵合作領域。

六、「一帶一路」與「大灣區」協力塑造

李克強的講話提出了與「一帶一路」倡議有關的新觀點。他將中葡論壇和中葡關係視作整體，融入這個啟動不久的宏大項目，「『一帶一路』倡議與許多葡語國家的發展規劃高度契合。在新形勢下，雙方的共同利益與日俱增，相互需求也在增加。」（The China Daily, 2016）自 2016 年會議以來，八個葡語國家中有五個與中國簽署了支持「一帶一路」倡議的合作協議，包括葡萄牙、東帝汶、安哥拉、莫三比克和維德角。葡萄牙的加入具有特殊意義，因為它是少數加入該倡議的西歐國家之一，其他國家包括義大利、瑞士、希臘和盧森堡。值得注意的是，澳門參與「一帶一路」倡議正實現了澳門作為中國與葡語國家之間平台的定位，就如同澳門特區政府與中央政府於 2018 年 12 月簽署的協議所強調的那樣。[5] 李克強在《經貿合作行動綱領》

5　澳門特別行政區政府新聞局，《行政長官與國家發展和改革委員會主

（2017-2019）中再次強調澳門在中葡論壇背景下所發揮的作用。中國和葡語國家的商務部長們同意支持澳門轉型為中葡金融服務平台、打造文化交流中心和青年創新創業交流中心、設立經貿合作會展中心，以及推動澳門建設中葡雙語教學暨培訓中心。

事實上，自澳門政府和多所本地高等教育機構於 2011 年合作成立中葡論壇（澳門）培訓中心，人文交流和培訓已登上中葡論壇的中心舞台。培訓中心已為逾 900 名來自葡語國家的公務員、企業人和專業人士舉辦了一系列研討會，內容涵蓋公共行政、國際法、品質控制、環境保護、衛生與公共保健、旅遊、投資、中小企發展、傳統中醫藥、會議和展覽、交通和通訊基礎設施發展、中文及葡文教學，和企業管理等領域。這些活動除安排與會人士在澳門進行實地考察和休閒觀光外，還組織考察團到訪廣東和海南等華南地區城市，藉此展示中國基礎設施和技術發展。正如 Tran 和 Matias dos Santos 所認為，「研討會還旨在展示中國經濟的成功歷程，為貿易發展及其他領域的合作創造更多機遇，同時與學員分享城市取得成就的方式，並非單純以說教形式做出指導」（Tran and Matias dos Santos, 2015, 105）。他們總結說，中葡論壇舉辦的研討會是「中國軟實力的展示」。中葡論壇研討會一直重點推廣珠三角的成就和經濟發展，這片經濟區域最終被更名為粵港澳大灣區，由中國的兩個特別行政區

任何立峰會面》，詳細請參閱：https://www.gov.mo/en/news/105050/。

（澳門和香港）和廣東省九個城市（珠海、中山、江門、肇慶、惠州、佛山、廣州、東莞和深圳）組成。李克強總理在 2017 年 3 月召開全國人大會議上的政府工作報告中，正式提出建設粵港澳大灣區的設想。中葡論壇自此被納入澳門在大灣區內發揮作用的框架內，這促使澳門成為連接大灣區內九個廣東省城市與葡語國家之間的橋梁。《粵港澳大灣區發展規劃綱要》（簡稱《綱要》）明確了澳門作為中葡平台的定位。總而言之，作為大灣區發展規劃的中心城市之一，澳門在中國「一帶一路」和大灣區外交政策中發揮的作用是「發展『世界旅遊休閒中心』和『中國與葡語國家商貿合作服務平台』」（見圖 4-3）。《綱要》提出「支持澳門打造中國－葡語國家金融服務平台，建立出口信用保險制度，建設成為葡語國家人民幣清算中心，發揮中葡基金總部落戶澳門的優勢」，並強調澳門「建設中葡雙語人才培訓基地」

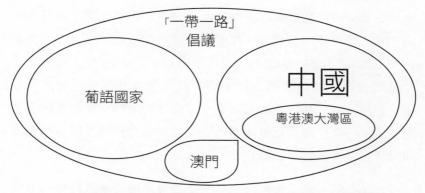

圖 4-3　澳門與葡語國家關係（「一帶一路」倡議及粵港澳大灣區建設）

的重要性（發改委，2019）。

七、澳門在人力上的軟實力

　　中葡論壇常設祕書處和澳門特別行政區政府，通常直接或間接地參與不同活動，而這些活動被描述為澳門平台致力推動中葡夥伴關係，逐步成長所付出的努力。因此，來自中國內地、澳門和葡語國家的數十名官員、商界領袖、專業人士和知識分子定期出席會議、研討會、展覽或其他類型的活動。此外，澳門特區政府還組織了多項可能對未來產生積極影響的中葡人文交流活動。第一屆葡語系運動會的舉辦便是其中一項影響深遠的舉措，成功展示了澳門公民社會的活力。澳門不僅是 2006 年第一屆葡語系運動會的東道主，還是主要推動者。澳門被選定為葡語奧委會總會總部所在地。澳門特別行政區政府贊助了多項學術交流和葡語國家文化節，並為非洲葡語系國家的學生提供獎學金。一年一度的葡韻嘉年華期間，許多來自葡語國家、澳門和中國內地的藝術家、音樂家、廚師及作家齊聚澳門。該項年度盛事由中葡論壇常設祕書處和澳門特區市政署共同出資。澳門葡人社區聚會也持續在澳門對外事務中發揮作用。居住在澳洲、香港、葡萄牙、巴西、美國和加拿大等海外地區的土生葡人每三年返回故土一次。這類聚會獲澳門特區政府全力支持，而澳門國際研究所也為這項盛事貢獻良多。

　　作為中葡平台，澳門特別行政區具有明顯特徵：這座城市擁

有數百年的中葡交匯歷史；葡語與中文均被《基本法》列為官方語言；擁有一批精通中葡雙語的公務員、律師等專業人才；澳門特別行政區的司法制度以葡萄牙法律為基礎，與法國、德國的法典存在相似之處，並在概念上與其他葡語國家共享；澳門是一座富裕的城市，擁有充足的財力，能夠為中國的項目提供支持，加強與葡語國家的聯繫，培養可能創造附加價值的人才和服務。然而，中葡論壇成立十六年後，部分利益相關者，即某些葡語國家的官員，認為期望與能力之間存在差距，呼籲澳門發揮更大的作用（Leitão, 2016）。換言之，澳門看似具備了打造全方位平台的必要條件，卻又似乎欠缺了某些要件。希望澳門能夠為中葡雙邊事務做出顯著貢獻是不實際的。然而，澳門的商界精英，除何鴻燊家族和少數企業家、中介機構外，均沒有將葡語市場列入優先考慮之列。隨著澳門經濟進一步融入大灣區，特區或將更積極地推動華南地區和葡語國家中型企業之間的聯繫。那些無法下定決心的政府官員往往故步自封，缺乏世界視野，這也被視為缺陷的根源。配合北京的總體目標和合作優先事項安排，不同的部門應協力制定合作策略，明確區內事項，這一點十分重要。2016年，中國與葡語國家商貿合作服務平台發展委員會正式成立，並由行政長官擔任主席，經濟財政司司長任委員會副主席，朝此方向邁出了一步。此外，社會文化司司長辦公室、行政法務司司長辦公室、海關、澳門貿易投資促進局、中國與葡語國家經貿合作論壇常設祕書處輔助辦公室、市政署、旅遊局、經濟局、文化局、澳門金融管理局等部門亦派員參與委員會。此外，中葡論壇

創建十六年以來，澳門除了在特區成立之初就在葡萄牙設立經濟貿易辦事處外，至今尚未在其他葡語國家設立辦事處。至今達成的一系列合作協議和機制，以及澳門行政長官過去二十年以來的官方出訪安排，無不昭示著與葡萄牙關係已成為澳門與葡語國家關係的重點所在。

在行政長官何厚鏵和崔世安對葡語國家進行的七次正式訪問中，到訪葡萄牙共五次、巴西一次、莫三比克一次。澳門政府首腦將其餘五個葡語國家排除在外，中國在葡語世界的第二大貿易夥伴安哥拉也處於被忽略之列。值得一提的是，澳門特區行政長

表 4-1　澳門特別行政區行政長官官方出訪

行政長官	日期	國家
何厚鏵	2000 年 5 月 17 日	葡萄牙
何厚鏵	2001 年 6 月 18 日	比利時（歐盟）
何厚鏵	2002 年 9 月 22 日至 26 日	莫三比克
何厚鏵	2004 年 9 月 12 日至 17 日	德國
何厚鏵	2005 年 6 月 20 日至 25 日	巴西
何厚鏵	2006 年 6 月 19 日至 20 日	布魯塞爾（歐盟）
何厚鏵	2006 年 6 月 21 日至 24 日	葡萄牙
何厚鏵	2007 年 4 月 8 日至 14 日	泰國、馬來西亞和新加坡
崔世安	2010 年 6 月 18 日至 22 日	葡萄牙
崔世安	2016 年 9 月 10 日至 15 日	葡萄牙
崔世安	2019 年 5 月 11 日至 19 日	葡萄牙

官在回歸後的二十年間對海外國家共進行了十一次官方訪問，葡語國家占了當中的七次。何厚鏵與崔世安的海外官方訪問頻率和次數存在顯著差距——崔世安只去過葡萄牙，他幾乎完全專注於到中國內地進行訪問。儘管中葡論壇名義上為貿易和經濟合作服務，但若我們將其視為促進多層次互動的工具，包括政府官員、企業家、學者、藝術家和專業人士，則可以找到更實質的附加價值。就此而言，將澳門視為聚會、互動場所的看法已取得了成效。澳門曾舉辦了各種不同會議，邀請來自中國和葡語國家的專業人士、學者、政府官員、企業家等代表參與，致力為中葡之間多層次的交互主觀性鋪平道路。作為軟實力工具，人力資源培訓、學術交流和文化交流或將發揮更重要的作用。其他能夠實現的突破還包括，將澳門建設成為中國與葡語國家企業解決雙方商業糾紛的仲裁中心（Simões, 2012）。

八、結語

澳門在中國與葡語國家關係中發揮的作用，表明中國中央政府選擇以複雜的方式對待其全球綜合策略的行動者。澳門的國際形象已超越了「亞洲拉斯維加斯」的稱號。中葡論壇機制成為北京現有雙邊關係的補充並進行鞏固和強化，透過為國家多邊關係增添新的層次，借澳門投射國家品牌，從而增強國家軟實力。在澳門舉辦的一系列會議、展覽、培訓班、研討會、活動和文化慶典吸引了數千名來自葡語國家的參與者，當中包括許多來自不同

領域的精英人士。他們透過參加活動，了解中國對澳門平台的描述，而且在很多情況下，他們有機會到珠三角參觀考察當地的科技園區和經濟特區，見證中國的成功故事。雖然這些推廣活動對中國推進其在葡語國家利益的影響仍有待衡量，但事實上，隨著中國在這些國家進行戰略投資，兩者之間的商業和經濟關係蓬勃發展。中國與葡語國家的貿易額從 2003 年的 110 億美元猛增至 2018 年的 1,470 億美元。

聖多美普林西比與台灣斷交並恢復與北京的官方聯繫，位於西歐的葡萄牙也成為對中國最友好的歐盟成員國之一，這些都是重要的外交成就。中國國家主席習近平到里斯本進行官方訪問並取得了斐然成績，便能說明一二：葡萄牙加入「一帶一路」倡議，並與華為簽署了協助當地建立 5G 網路的協議，在中美貿易戰和科技爭拗不斷的情況下，這確實令美國感到十分不滿。假使中國與葡萄牙關係受到高度重視的原因有賴於里斯本在澳門問題上採取了相當寬容的態度，加上兩國就 1999 年澳門主權移交進行的談判及過渡期均進展順暢，那麼澳門回歸後，葡萄牙對華外交推行非對抗風格和實質，還有兩國就澳門特別行政區達成的共識，成功為兩者建立更密切的雙邊關係奠定了基調。

多年來，中葡論壇的定位始終在單純的地方品牌（澳門─中國）工具和中國對葡語國家軟實力工具之間搖擺不定。中葡論壇顯然是一個多層次的公關外交工具，在「一國兩制」原則下使澳門的對外事務行為合法化，展現城市同時為中國更高利益服務的

雙面（中澳）行動者功能，並突顯澳門有別於香港和中國內地其他城市的獨特城市定位。澳門面臨的主要挑戰在於如何充分利用這一機會，踏出城市作為全球博彩中心的舒適區，不再滿足於扮演粗淺的品牌競租活動高手，真正打造全面兼成熟的服務平台和文化紐帶，有能力同時發揮和投射中國軟實力，鞏固地區對外自主權。

正在建設的澳門平台不能完全依賴外源性激勵，即來自中國和葡語國家的動力；其內生引擎也將決定平台能否蓬勃發展並上升至新的高度，還是只能停留在舞台和交匯點的位置。粵港澳大灣區的建設為澳門創造了難得的機會，讓這座城市得以在區域一體化進程中發揮所長，成為大灣區內地九座城市與葡語國家城市之間的商業、技術、教育和文化聯繫的促進者、服務提供者和指揮者。為履行這一職責，澳門特區顯然需要提升本地人力資本、政治承諾、跨部門協調，更積極主動地改善與中國外交政策之間的相互作用，以縮小期望與能力之間的差距。無論如何，澳門作為中國軟實力工具，存在的局限性超出了內部約束；儘管取得了上述成就，但中國作為一個值得欽佩，甚至在某種程度上被葡語國家效仿的國家，其潛在缺陷仍有待進一步研究。

參考文獻

《中華人民共和國憲法》，Available at: http://www.npc.gov.cn/zgrdw/englishnpc/Constitution/node_2825.htm。

Alves, Ana. "China's Lusophone Connection," *China in Africa*, Report No 2. The South African Institute of International Affairs, Johannesburg 3 (2008).

Anholt, Simon. 1998. "Nation-Brands of the Twenty-First Century," *Journal of Brand Management*, 5(6):395-406.

Anholt, Simon. 2011. "Beyond the Nation Brand: The Role of Image and Identity in International Relations,"*Exchange: The Journal of Public Diplomacy,* 2(1), Available at: https://surface.syr.edu/exchange/vol2/iss1/1.

Cardinal, Paulo and Zhang, Yihe. 2012. "Subnational Constitutionalism in the SARs of the the People's republic of China: An Exceptional Tailored Suit Model?," *Perspectives on Federalism*, 4:101-147.

Chen, Zhimin, Jiang. Junbo and Chen, Diyu. 2010. "The Provinces and China's Multi-Layered Diplomacy: The Cases of GMS and Africa," *The Hague Journal of Diplomacy*, 5:331-356.

The China Daily. 2016. "Full text of Premier Li's speech at the Opening Ceremony of the Fifth Ministerial Conference of The Forum for Economic and Trade Cooperation Between China and Portuguese-speaking Countries," 11-10-2016. Available at: http://www.chinadaily.com.cn/china/livisitsmacao/2016-10/11/content_27029986.htm.

Chinese Government's Official Web Portal. 2010. "China proposes measures to assist less-developed Portuguese-speaking countries," November 13, 2010. Available at: http://www.gov.cn/english/2010-11/13/content_1744946.htm.

Deng, Yong. 2008. *China's Struggle for Status: The Realignment of International Relations*, Cambridge: Cambridge University Press.

Fan, Ying. 2008. "Soft Power: Power of Attraction or Confusion," *Place Branding and Public Diplomacy*, 4(2):47-158.

Henders, Susan J. 2001. "So what if it's not a gamble? Post-Westphalian politics in Macau," *Pacific Affairs*, 74 (3):342-360.

Hocking Brian. 1993. "Non-central Governments and Multilayered Diplomacy," In *Localizing Foreign Policy,* edited by Brian Hocking, 31-69. London: Palgrave Macmillan.

Iong, Hoi Sun. 2011. "Macau and Chinese Foreign Relations: A Possible Platform for China and Portuguese Speaking Countries," in *Macau and Sino-Us Relations*, edited by Hao Yufan and Wang Jianwei. Lanham Maryland: Lexington Books, 201:241-268.

James N. Rosenau. 1988. "Patterned Chaos in Global Life: Structure and Process in the Two Worlds of World Politics," *International Political Science Review*, 9:327-364.

Joshua Kurlantzick. 2007. *Charm Offensive: How China's Soft power is Transforming the World*. New Haven and London: Yale University Press.

Leitão, Luciana. 2016. "O Fórum que gera todas as dúvidas," *Plataforma Macau*, 2016. Available at http://www.plataformamacau.com/macau/o-forum-que-gera-todas-as-duvidas/.

Macau Forum - Fórum para a Cooperação Económica e Comercial entre a China e os Países de Língua Portuguesa (Macau). 2013. "Plano de Acção para a Cooperação Económica e Comercial (2014-2016)," Available at: http://www.forumchinaplp.org.mo/pt/gl2013a.php.

Macau Government Information Bureau. 2010. "China rolls out six measures to help developing Portuguese-speaking countries," Available at: https://www.gov.mo/en/news/46751/.

Macau Printing Bureau. "Basic Law of the Macao Special Administrative Region of the People's Republic Of China," Available at: https://web.archive.org/web/20010320024207/http://www.imprensa.macau.gov.mo/bo/i/1999/leibasica/index_uk.asp.

McGifert, Carola, ed. 2009. *China's Soft and its implications for the United States: Competition in the Developing World, A Report of the CSIS Smart Power Initiative.* Washington DC: Center for Strategic and International Studies.

Mead, Walter Russel. 2004. "Sticky Power," *Foreign Policy*, March/April 2004.

Mendes, Carmen Amado, Sales Marques, José Luís, Matias José Carlos, Cardoso, Daniel, Shelton Zumpano, Petras and Rodrigues, Helena 2011. "Assessing The 'One Country, Two Systems' Formula: The Role Of Macau In China's Relations With The European Union And The Portuguese Speaking Countries," *Oficina do CES*, Junho de 2011 Oficina No 369. Centro de Estudos Socias da Universidade de Coimbra.

NDRC - National Development and Reform Commission. 2015. "Vision and Actions on Jointly Building Silk Road Economic Belt and 21st-Century Maritime Silk Road," Available at: http://en.ndrc.gov.cn/newsrelease/201503/t20150330_669367.html.

NDRC - National Development and Reform Commission. 2019. "Outline Development Plan for the Guangdong-Hong Kong-Macao Greater Bay Area," Available at: https://www.bayarea.gov.hk/filemanager/en/share/pdf/

Outline_Development_Plan.pdf.

Neves, Miguel Santos. 2002. "Macau and Europe: The Challenges of the Paradiplomacy Games," *China Perspectives,* 44:54-66.

Neves, Miguel Santos. 2010. "Paradiplomacy, Knowledge Regions and the Consolidation of 'Soft Power'," *Observare.* Universidade Autónoma de Lisboa, 1(1):10-28.

Nicola Contessi. 2009. "Experiments in Soft Balancing: China - Led Multilateralism in Africa and The Arab World," *Caucasian Review of International Affairs,* 3(4):404-434.

Nye, Joseph S. 2004. *Soft Power: The Means to Success in World Politics.* New York: Public Affairs.

People's Daily. 2013. "China maps out new measures to support Portuguese-speaking countries," November 05, 2013. Available at: http://english.people.com.cn/90883/8447513.html .

Shen, Simon. 2011. "Hong Kong's External Space: Defining a Grey Area," *Hong Kong Journal*, 21.

Simões, Fernando Dias. 2012. "Macau: A Seat for Sino-Lusophone Commercial Arbitration," *Journal of International Arbitration*, 29(4):375-389.

Tran, Emilie and Matias dos Santos, José Carlos. 2015. "The Seminars of the Macao Forum: An Illustration of China's Soft-Power Diplomacy towards the Portuguese-Speaking Countries," *China, An International Journal,* 13(1):93-112 .

Wang Yizhou. 2012. "Creative Involvement: a new direction in Chinese diplomacy," In *China 3.0*, edited by Mark Leonard. London, European Council on Foreign Relations.

Xinhua News Agency. 2013. "Sino-Portuguese fund formally launched in Macau," June 27, 2013. Available at: http://www.china.org.cn/china/Off_the_Wire/201306/27/content_29251808.htm.

Zeng, Lingliang, 2009. "A Qualidade do Sujeito de Direito Internacional da Região Administrativa," in *Os Países de Língua Portuguesa e a China num Mundo Globalizado*, edited by Wei Dan. Coimbra: Almedina.

Zhang, Li. 2011. *News Media and EU-China Relations*. New York: Palgrave Macmilan.

伍、重探澳門政治文化——回歸後的澳門勞工抗爭 (2000-2017)

廖志輝、楊鳴宇

一、前言

　　關於澳門的政治參與文化，學術界長期存在兩種看似衝突的觀點。一種觀點認為澳門人害怕參與政治，在政治態度上也是保守且溫馴（Hao, Sheng, and Pan, 2017, 198; Lo, 2008）。這種觀點的經典研究來自余振等學者在 1990 年代到回歸初期，以問卷調查獲得的一系列結果（余振等，2011），他們認為澳門人的政治態度可以被定義為被動的「臣屬型文化」。然而與此同時，回歸後越來越多的研究卻表明，澳門的社會抗爭有多樣化的趨勢。例如失業勞工抗爭（Ho, 2011）、網友發起的街頭表演式抗議（Lin, 2018; Liu, 2013），最近的例子當屬 2014 年超過 2 萬人參與，以反對政府法案為名的「反離補運動」，與後續的「博彩業工運」等（Ieong, 2017; 廖志輝，2018a; Kwong, 2014）。

　　以上例子告訴我們，即使人們在回答問卷調查時，呈現政治冷漠或被動的態度，但實際採取的行動可能又不一樣。如何理解澳門這種看似矛盾的現象？應該怎樣描述澳門回歸至今的抗議文化？研究澳門的勞工抗爭可能是較理想的切入點。如果細究澳門自 1999 年回歸至今的重大社會抗議，會發現勞工抗議從不缺席（Ho, 2011; Yu and Chin, 2012; 廖志輝，2018b）。從回歸初期因為亞洲金融風暴導致的首波失業工人抗議；到 2007 至 2008 年，因為大量外勞輸入激發的第二波失業抗爭；再到 2013 至 2014 年間，由龍頭行業「博彩業」員工主導的新一波工運，

我們看到澳門勞工一直存在政治參與的歷史。且不要忘記，還有
2001 年至近年一直舉行的「五一勞動節遊行」。透過觀察勞工
抗議在回歸後的變化，或許能解答存在於澳門政治參與文化的矛
盾現象。

　　本文分析在 2000 至 2017 年間發生的勞工抗議事件，嘗試
提供關於澳門政治參與的更全面討論。我們的分析建基於一個包
含 544 件勞工抗議事件的原始資料庫，並將在內文進一步指出
三個澳門勞工抗議的特徵：(1) 雖然勞工抗議的數量正在增加，
(2) 對抗的程度卻相對溫和，且 (3) 抗爭的議題呈現多樣化的現
象。以上特徵，我們認為可歸因於澳門回歸後社會與經濟的持續
變化，與當權者對待社會不滿跟抗議所採取的策略所共同導致的
結果。

　　接下來，我們會先簡介 1999 年回歸後，澳門在「政府－社
會」關係上的變化，並特別聚焦社團（或稱利益團體）在當中的
角色轉變。然後介紹澳門勞工運動的背景資料。之後，我們會針
對 544 件勞工抗議進行描述性的統計分析，並針對這些統計所
呈現的趨勢，提供進一步的解釋。而相關研究對澳門政治的意
涵，將在最後一部分討論。

二、1999 年後澳門的「政府－社會」關係與勞工運動發展

　　社團一直是澳門政治體系中最活躍的角色。在殖民時期，傳

統社團的領導者透過加入由政府委任的諮詢委員會或議會，代表本地華人與澳葡殖民政府就公共事務進行商議。而因為澳葡政府沒有積極提供公共服務，傳統社團也同時為社會大眾提供醫療、教育、金融，以至證件辦理等半官方服務。特別在 1966 年發生「一二‧三暴動／事件」，澳葡政府被親共左派社團削弱威權性後，傳統社團在維持政治與社會穩定上的角色，變得越來越重要（Gunn, 1996; Lam and Clayton, 2016）。

在所有傳統社團中，五個有影響力的親共左派社團尤為重要。他們是澳門中華總商會、澳門工會聯合總會（工聯）、澳門中華教育會、澳門街坊總會和澳門婦女聯合總會。從勞工、教育到社區，這些社團可說是涵蓋了澳門最重要的社會部門（Chou, 2015）。也因此澳門的政治體系向來被稱為「統合／法團主義」（corporatism）（婁勝華，2004）。然而值得注意，澳門的「統合／法團主義」並不符合學者 Schmitter（1974）的經典定義，因為上面提到的五個頂級社團，都缺乏權威性去統領部門內所有其他社團。這些頂級社團所以能擔任政府與社會之間的橋梁，純粹因為其領導者本身就是受殖民政府與華人社群尊重的社會或經濟精英（或兩者皆是）。在我們要討論的勞工部門中，工聯便藉著在勞工部門的地位，自 1960 年代起擔當調解勞資糾紛的角色，既維持華人勞工的團結，也同時避免罷工等更激烈抗議行為發生。

然而，這個狀態在澳門回歸與賭權開放後，人均生產毛額

由 2000 年的 125,271 澳門元增加至 2017 年的 625,254 澳門元的背景下，被徹底改變。隨著經濟發展導致的社會利益分化，那些有影響力的傳統社團無法再主導公共輿論。在「澳人治澳」的大方向下，更多的澳門大眾也開始組織自己的團體。官方註冊的社團數量，在回歸後第一個十年內（1999-2010），由 1,728 個激增至 4,629 個（Wang and Hung, 2012, 193）。相反，那些回歸後被吸納進管治體系、或意識形態上親共的傳統社團，其在大眾的形象也因為難以保持獨立性而被蠶食。結果，澳門的「政府－社會」關係也逐漸由「統合／法團主義」，轉變為與香港相似的精英吸納模式（Fong, 2013）。

至於回歸後的澳門勞工抗爭，同樣要放在上述社經變遷的背景去解釋。回顧過去，澳門特區政府成立後的勞工抗爭，大概可分為三波。第一波發生在 1999 至 2002 年回歸初期，因為 1997 年亞洲金融危機導致 8% 的高失業率，失業的製造業與建築業工人發起連場抗議。他們上街遊行，要求政府立法規管非法與外地的勞工。「澳門工人權益互助會」與「澳門失業工人自救會」兩個獨立於「工聯」的新興勞工組織便應運而生，幾次抗議更釀成警民流血衝突，迫使警方出動水炮車與催淚彈處理人群（Ho, 2011）。這些獨立勞工組織其後更發動回歸後首次「五一勞動節遊行」，成為每年展示工人力量與社會不滿的指標性行動。

而因為特區政府的外勞政策未能徹底解決非法勞工（黑工）問題，第二波同樣由失業基層勞工主導的抗爭在 2007 至 2008

年間爆發。失業的建築工人既無法忍受行業內高達 40% 的外勞競爭，也受 2002 至 2008 年間，通膨率由 -2.6% 升至 8.6% 的生活成本所困。回歸後最激烈的勞工衝突終在 2007 年的五一勞動節遊行爆發，他們在街頭使用竹枝與水瓶與警方對抗，激烈的程度甚至導致一名便衣警員向天連開五槍，震驚港澳兩地（Lo, 2008, 68-69）。而不少參與此波抗爭的勞工組織，實際上便是衍生或分裂自首波失業工人抗爭。

最近一波勞工抗爭則發生在 2013 至 2014 年，由龍頭行業的博彩從業員主導的「博彩工運」。有趣的是，這波工運與過去展現若干不同面貌。例如：抗爭主體不再是基層勞工，而是被稱為「貴族勞工」，有著較高收入水平與職位保障的莊荷（dealer）和監場主任（supervisor）；抗爭者訴求也變得更廣泛，除了工作條件，更包含工會法立法等勞工基本權利；這些經濟與學歷水平都比基層勞工高的博彩業員工，也展現更強大的組織力，工運期間共組織了 51 次公開抗議，累計參與人次高達 7,000 多人。

以上三波勞工抗爭揭露的是，儘管工聯在回歸後持續擴張，其附屬工會在 1999 至 2016 年間由 49 個增加至 72 個，參與的官方諮詢機構也由 18 個增至 40 個（婁勝華，2004；澳門工會聯合總會，2017），工聯的勞工代表性仍然在回歸後持續弱化。

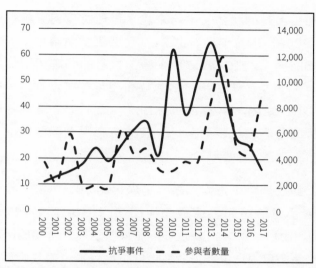

圖 5-1　勞工抗爭事件與參與者數量（2000-2017）

資料來源：作者

三、澳門勞工抗爭的整體趨勢

　　本段落描述的勞工抗爭趨勢，主要來自我們從「慧科電子新聞資料庫」抓取與經過條件篩選後的 544 筆資料。[1] 如圖 5-1 所示，勞工抗爭事件的數量與參與人數，在 2000 至 2017 年間

---

[1]　篩選的方法是依據社會運動研究經典的「抗爭事件分析（protest event analysis）」所進行（Koopmans and Rucht, 2002）。我們使用「勞工」與「工人」分別作為主要關鍵字，然後配對出含有以下任一關鍵字的報導：遞信、請願、遊行、靜坐、圍堵、占領、包圍、罷工、怠工、絕食。

均呈現穩步上升的趨勢。平均來說，首任特首何厚鏵執政時期（2000-2009），每年約發生 21.2 件勞工抗爭事件；而在繼任者崔世安時期（2010-2017），勞工抗爭的頻率更增加至每年41.5 件。事實上，勞工爭抗的高峰也出現在崔世安的第一任期（2010-2014）內，超過 48%，即 263 件抗爭事件在這時期發生。這樣的頻率也代表著，每一波的抗議風潮都要比前一波猛烈。

　　勞工的抗爭手段方面，表 5-1 顯示約 80%（434 件）抗爭事件均涉及遞信請願，這是一種在澳門相當普及的抗爭劇碼（repertoire）。遞信請願通常不需積極動員，行動的時間也相當短暫，大多只由幾位參與者直接向抗議目標（如政府部門）的代表遞交連署信或請願信，然後經媒體採訪或拍照留存後即告完成。相反，諸如罷工和怠工等更激進的抗爭劇碼，十七年來卻只發生 12 次（2%）；也只有 9 件勞工抗議直接涉及與警察的肢體衝突。這些事件發生的頻率與形式顯示，澳門的勞工抗爭手段仍相當溫和。

表 5-1　抗爭手段的歷年變化（2000-2017）

年分	遞信陳情	遊行／靜坐／示威	罷工／怠工／絕食	與警方發生衝突
2000	3	7	1	3
2001	7	6	0	0
2002	12	3	0	0

（續表 5-1）

年分	遞信陳情	遊行／靜坐／示威	罷工／怠工／絕食	與警方發生衝突
2003	17	1	0	0
2004	20	3	1	0
2005	18	0	1	0
2006	16	9	0	1
2007	27	3	1	1
2008	21	12	1	0
2009	17	5	0	0
2010	47	14	1	2
2011	34	3	0	0
2012	47	3	1	0
2013	60	5	0	1
2014	36	9	3	0
2015	23	4	1	1
2016	22	3	0	0
2017	7	8	1	0
總計	434	98	12	9

資料來源：作者

　　與此同時，大部分的抗爭事件傾向較小規模（表 5-2），
83% 的抗爭事件少於 50 人參加。而如果我們聚焦在參與者的整
體分布，會發現超過 70% 的參與人數，實際集中在 20 件勞工

表 5-2　勞工抗爭的參與規模（2000-2017）

年分	參與總人數	少於 50 人參與的事件	50-999 人參與的事件	1,000 人或以上參與的事件
2000	2,220	6	4	1
2001	470	9	4	0
2002	4,657	10	4	1
2003	110	18	0	0
2004	235	23	1	0
2005	40	19	0	0
2006	5,080	18	5	2
2007	2,971	27	3	1
2008	3,419	21	13	0
2009	1,570	18	3	1
2010	1,480	56	6	0
2011	2,330	35	1	1
2012	2,301	49	1	1
2013	7,557	58	4	3
2014	11,510	32	12	4
2015	3,680	23	3	2
2016	3,031	23	1	1
2017	8,410	10	4	2
總計	61,070	455	69	20

資源來源：作者

抗爭事件當中。這一現象又恰恰表明勞工部門存在廣泛動員的可能性，只要條件適合，勞工組織是存在大規模動員的能力。值得留意，大部分大規模的勞工抗議事件，均發生在 2010 年後，與第三波由博彩員工主導的工運風潮高度重疊，這也同時表明，不同的勞工部門之間，存在著動員與組織能力的差異。

最後，圖 5-2 說明勞工的訴求議題是碎片化的。當大約 63% 的抗議事件可分類為某些個別的勞工問題時，多達 28% 事件與勞動問題或權益無關，而是居住權、交通擠塞、物價上升或官員貪腐等民生與政治議題。

總的來看，澳門持續增多的勞工抗爭事件與趨勢，不符合過

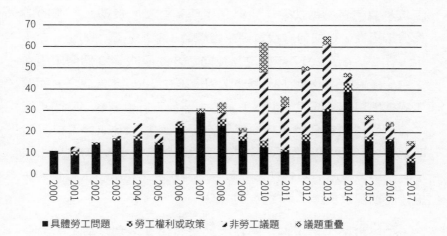

圖 5-2　勞工抗爭議題（2000-2017）

往研究所認為，澳門人在政治行動上傾向冷漠與被動的刻板印象
（Yee, 2001）。然而抗爭程度相對溫和與議題多元且碎片化的
傾向，又同時揭露澳門勞工缺乏團結力。

四、澳門勞工抗爭的特徵和解釋

（一）特徵一：持續增加的抗爭數量

毫無疑問，回歸後持續增加的勞工抗爭，部分可歸因於社會
不滿。然而，不滿在任何社會都存在，抗議卻不是每天發生在街
頭。社會運動文獻早已指出，政治結構的開放與封閉程度，往往
是其中一個決定抗爭出現或消失的主因（Tarrow, 1998）。與此
同時，因為任何集體行動都需要組織與動員，故當我們要探究勞
工抗爭為何持續增加時，也必須了解那些獨立於傳統社團的新
興勞工組織，是如何尋找資源來組織勞工參加抗議。如圖 5-3 所
示，在 1987 至 2017 年間成立並向官方註冊的 220 個勞工組織
之中，接近 90%，即 195 個勞工組織是在 2000 年後成立。而勞
工組織出現的高峰期，也似乎與首兩波勞工抗爭高峰的時間高度
吻合。這段由首任特首何厚鏵管治，共發生 156 次勞工抗爭的
時期中，15 個特別活躍的獨立勞工組織參加了 38% 的抗議；相
反，回歸後被政府吸納進正式政治的傳統勞工組織「工聯」，在
這段時期卻只參與了兩次勞工抗議。

工聯與勞工抗爭保持距離的態度，侵害了其在勞工中的代

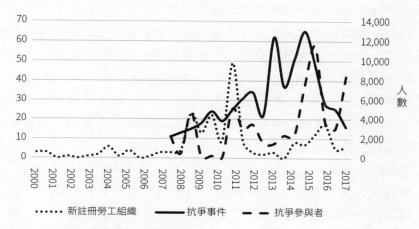

圖 5-3　勞工組織數量與抗爭趨勢變化

資料來源：作者

表性。它的勞工代表率（會員數／本地勞工總數）也確實由
1999 年的 30.7%，降到 2013 年的 19.3%（澳門工會聯合總會，
2000）。失業工人無法透過工聯反映訴求，當然是其中一個導
致勞工激進化的原因。另一原因，與回歸後被打開的選舉政治機
會有關，因為它給予了獨立勞工參與正式政治的機會。回歸後澳
門立法會直接選舉所採用的「比例代表制」選舉方法，相比贏者
全拿的「簡單多數制」，在理論上更有利小黨勝出。正因如此，
擁有勞工背景的立法會直選候選人，也由 2001 年的 7%，增加
至 2013 年的 28%（Lo, 1995; Yee, 2005）。

除了直接選舉提供的政治機會，與香港立法會功能組別設計相似的間接選舉（間選），也是另一個獨立勞工組織參與政治的途徑。相對直接選舉需要龐大的競選資源，間接選舉的競選門檻更低，獲選名單由五大界別的法人團體投票選出，分別是：(1) 工商界別、(2) 勞工界別、(3) 專業界別、(4) 教育與福利界別，以及 (5) 文化與運動界別。在 2008 年間選改制之前，有意參選的團體只要在身分證明局登記並被由勞資政代表組成的「社會協調常設委員會（社協）」核定為相關界別成員滿三年，就能獲得參選與投票的資格。而既有權力為了維持內部勢力的統一，往往會在選舉前先協調出若干參選者，造成等額當選的情況，這種現象直到 2017 年的立會選舉才正式被打破（Yu, 2007, 423-25; Kwong, 2014）。但間接選舉的協調現象也表明，只要某些弱勢組織成功獲得間接選舉資格，它在選舉甚至政策制定的過程中，自然獲得談判、被諮詢與議價的能力。實際上，至少有兩個誕生自勞工抗爭的工會成功獲得過間選資格。[2]

　　或許因為回歸初期間接選舉的放寬，增加了執政聯盟的管治成本，立法會在 2008 年，也就是第二波勞工抗爭過後，修法提高了法人團體參與間選的門檻。一份由澳門廉政公署於 2006 年

2　這兩個曾獲得間選資格的勞工組織是誕生自首波工運的「澳門職工盟」和「本地工人權益會」。至於抗爭態度的變化，更多的例子可以參考：廖志輝，2018b，《勞工貴族的反抗：澳門博彩業工運的研究》，碩士論文，台灣國立政治大學東亞研究所。

撰寫，以完善立法會選舉制度為名的分析報告便直言，在回歸後突然增加的社團組織現象並不正常，寬鬆的間選門檻也讓符合資格的社團「容易由少數社員或捐獻者操控」，而提高門檻能夠「排除外來政治力量滲透。」（澳門廉政公署，2006, 17）為了填補制度缺失，廉署因此建議立法者提高間選門檻。其後，在 2008 年間選制度的修法中，欲參加間選的社團核定年限由原來的官方核定滿三年，大幅提升至七年；而合資格的社團也需向「社協」提交能證明其社團功能的年度工作報告，若不符標準就有可能被取消間選資格。隨著相關規定推出，圖 5-3 可見新社團的註冊數量在 2008 年後明顯回落。

澳門的例子亦符合混合型政體（hybrid regime）如何進行社會管治的研究（Schedler, 2015）。當選舉結果出現無法預期的情況，來自半民主半威權政權的執政者傾向重新打造選舉規則以重掌控制。誠言，我們難以證明選舉「黑盒子」內的利益協調與實際操作，但上面提到的社團數量變化與相關官方的言論，仍然提供我們不少窺見與推測的機會。

（二）特徵二：分裂的抗爭訴求

威權政體被認為主要依靠兩種方式處理社會不滿：壓制（repression）與威嚇（concession）。在學者 Davenport（2007）的定義中，「壓制」是指「政體在其管治範圍內，以真實或威脅式的物理制裁去對付個人或組織，從而使目標付出代

價，以及震懾那些被認為對政府人員具有挑戰性的特定行動、信仰、實踐或機構。」在澳門的例子中，符合以上定義的應是 2009 年立法的《維護國家安全法》，該法實際給予政府使用如學者 Levisky 和 Way（2010）所謂的「高強度壓制」（high intensive repression），去對付被認為對國家安全有害的異議者。

然而，對異議者的過度鎮壓也可能有損政權的執政合法性。故在澳門政府有著龐大的博彩稅收支持下，其對待社會不滿與異議的方法則傾向以物質利誘，而不是物理壓制來維持社會穩定或換取反對者的讓步。實際上，根據政府公布資料，在 2017 年至少有 13 個公共機構提供勞工組織等民間社團各式各樣的社團補助申請，這些補助由社會福利到經濟部門、行政機構到官方基金會負責，幾乎囊括間接選舉的五大功能組別。

例如：在勞工部門，至少有勞工局與澳門基金會向勞工組織提供年度資助項目。如表 5-3 所示，整體的資助總額不斷上升。在 2015 年，勞工局便花費 1,213 萬澳門元於相關資助上，是 2002 年的 7.6 倍。澳門基金會方面，給予勞工組織的資助總額，也同樣由 2002 年回歸初期的 12 萬元，增加至 2015 年的 4,857 萬。更有趣的是，澳門基金會補助異常增多的年分，正好就是 2007 至 2008 年第二波勞工抗爭與間接選舉門檻被提高的時候。這些異動，很難解釋並非為了維持政權穩定而執行。

表 5-3　勞工局與澳門基金會的年度社團資助（澳門元：百萬）

年分	勞工局	澳門基金會
2002	0.92	0.12
2003	-	9.48
2004	-	3.94
2005	2.14	1.66
2006	-	0.54
2007	-	2.89
2008	16.53	32.33
2009		56.96
2010		32.79
2011	7.94	45.97
2012		64.72
2013	-	81.54
2014		46.07
2015	12.23	48.57

資料來源：澳門印務局

　　隨著政府資助不斷擴大，資源困乏的獨立勞工組織也開始參與到這場由政府主導的「金錢遊戲」之中。以誕生自首波勞工抗爭風潮的獨立勞工組織——澳門職工盟為例，在 2006 年便接受了勞工局多達 6.4 萬元補助，若以該會同年 600 名會員每人 20元的會費計算，最多也只有 1.2 萬元左右的會費收入。與此相

似，工人自救會是另一個誕生自第二波抗爭的獨立勞工組織，其在 2010 至 2016 年間主導了 20% 的勞工抗議事件，而獲取到的勞工局與澳門基金會資助也不斷上升，由 2010 年創會年的 25 萬元，激增至四年後的 251 萬元。

正因為勞工組織獲取的官方補助金額似乎與其抗爭程度掛勾，獨立勞工組織也就更有意願處理能夠吸引大眾目光和媒體報導的社會問題，例如房屋問題與官員失當，而不是爭取如最低工資或集體談判權等較為複雜，需要時間成本較多的勞工議題。更甚者，政府採用的這種物質利誘政策也造成了勞工組織間的分裂。因為在各勞工組織競爭有限政府補助的前提下，誰獲得更多補助，誰就可能成為被批評的對象。例如：澳門職工盟的受訪前領導人就不認同工人自救會真的擁有強大動員力，批評該會是僱用「水貨客」充當遊行人士；[3] 而對於工人自救會的領導在其後退出組織一事，另一受訪工人組織，民生協進會的理事長更直言該領導實際是「將工會賣了」。[4] 如此，無論相關事情是否屬實，資源競爭也造成獨立勞工組織間的不和。

（三）特徵三：溫和的抗爭劇碼

抗爭劇碼是指抗爭者採取的策略手段。基於威權政體的非

---

[3]　澳門職工盟理事長，受訪時間：2017/01/24。
[4]　民生協進會前理事長，受訪時間：2017/01/26。

民主本質，抗爭者在選擇抗爭劇碼時，經常要計算抗爭成本與獲得的利益，以最少風險的抗爭手段換取政權最大的妥協（Goldstone and Tilly, 2001）。例如：楊鳴宇在研究中國行政糾紛時發現，與官方有關係的抗爭者傾向採取「依法策略」（a rule-bound strategy），利用個人關係直接與地方官員進行談判，因為這種方式要比公開陳情更有效（Ieong, 2019）。我們在上面提到澳門的勞工抗爭者喜歡以遞信陳情作為手段，那麼以此推斷，遞信陳情應該符合成本效益。

然而，遞信陳情這種溫和抗爭手段的成效值得存疑。因為按照政治存續理論，威權政體只有在認為其權力受到威脅時，才有動機回應抗爭者訴求（Bueno de Mesquita et al, 2003; Svolik, 2012）。如學者蔡永順的研究所說，中國的請願行為只有在足夠有力的情況下才能獲得政權讓步（Cai, 2010）。回到澳門，我們很難想像大部分少於 50 人的遞信陳情能對政府產生壓力。也就是說，回歸後澳門勞工抗爭傾向採取溫和手段，並非因為該手段有助達到抗爭目的。反過來思考，一個更可能的解釋是，政權回應勞工抗爭的手段，成功減少更激進或更大規模勞工抗議出現的可能性。而在我們的訪談與個案分析中發現，對工運進行滲透，應該是其中一個本地管治聯盟傾向採用又有效防止勞工團結的手法。

發生在 2013 至 2014 年爆發的博彩工運就是個好例子。在工運過程中，即使其主導的獨立勞工組織「博彩最前線」（下

稱「博前」）展現強大動員能力，包括參與或組織 38 次請願、7 次公開示威和集會、3 次包圍賭場遊行與 3 次怠工抗議。過程中卻持續受到其他勞工組織的競爭，不少由傳統社團或親商、親政府扶持的新勞工組織在工運期間大量出現，9 個以博彩業為名的勞工組織在 2014 年相繼冒出，同類型的組織在之前卻只有 11 個。這些組織有的利用與商人或傳統社團的關係，獲得比「博彩最前線」更好的談判機會，例如工聯屬下的「博彩企業員工協會」在工運早期就能夠與銀河高層會面，而上面提到的其他獨立勞工組織也分別組織過自己的博彩業遊行。

事實上在 51 場在博彩工運期間出現的抗議事件中，24 宗事件分別涉及了 11 個不同的勞工組織，工運內的分化與競爭相當嚴重。用「博前」兩位受訪領導者的話來說，是「瘦田無人耕，耕開有人爭」的競爭情況，[5] 並坦承工運在後期是被「完全滲透了」。[6] 這種利用親政府組織與獨立組織或民主運動抗衡的策略，一直是威權政體的慣用技倆（Fong, 2017），在「博彩工運」中也看到類似的影子。

五、結語

《基本法》規定澳門在「一國兩制」下的政治制度，從

5　博彩最前線副理事長，受訪時間：2016/02/17、2017/02/10。
6　博彩最前線秘書，受訪時間：2016/08/16。

1999 年回歸日開始維持五十年不變，然而澳門現在的制度建設與社會現實，在過去幾十年的回歸歷程中，已經因為社經結構的快速發展而越來越無法處理社會不滿。本章研究的澳門勞工抗爭便是其一例子。透過分析自 2000 至 2017 年期間發生的 544 件勞工抗爭事件，我們發現三個抗爭趨勢：(1) 越發增多的抗爭事件；(2) 碎片且多元化的抗爭訴求；及 (3) 溫和的抗爭手段。然而這些趨勢均無法被既有觀點所完全解釋，因為澳門勞工既非完全懼怕抗爭，也很難說是受到後物質主義影響，因歷年支撐工運的，大部分都是教育與生活水平不高的基職勞工。究其原因，是過往研究忽視了澳門作為威權政體的本質，它的態度與採取的手段，實際上極大地影響了抗爭者的考量與後續行動。故此，我們認為往後關於澳門政治的研究，應該更積極地從威權主義的相關理論中吸取養分。

六、後記

本文的研究時間為 2000 至 2017 年，在 2017 年後，澳門的政治環境發生了極大變化，變化的結果同時又作用在勞工抗爭領域，我們在結尾的部分簡單回顧與分析。

在第三波以博彩業為首的勞工抗爭完結後，誕生自該場工運的新興勞工組織「博彩最前線」，因為經歷外部滲透與其他工會競爭而導致嚴重分裂。但部分出走的組織成員仍能維持一定的動員能力，最具代表性的當屬「博前」前祕書長周銹芳領

導並參加 2017 年立法會選舉的「新博彩員工權益會」，竟然在首次參選下奪得 3,000 張選票，雖然最終落敗，卻間接讓代表博企資方的「改革創新聯盟」因喪失 1.3% 票數而無法連任。然而到了 2021 年的立會選舉，準備再次參選的「新博彩員工權益會」卻在遞交選舉提名表後，連同其他幾個泛民主派團隊被選舉委員會以「不擁護《基本法》或不效忠特區政府」為由，取消（disqualify）其參選資格。[7] 事實上，這起事件反映了政治機會在近年不斷收縮的趨勢，包括政治性集會比過往更容易被官方反對[8]、法院更傾向從國家利益解釋政治案件，[9] 以及鄰埠香港的政治運動提高了澳門當局的防範思維等。其結果，是近年再難看到大型遊行示威的出現，歷年舉行的「勞動節遊行」也無以為繼。這是否代表勞工抗爭將從此消失？

根據 McAdam 等人（1996）對政治機會結構的解釋，在抗爭者會衡量機會與威脅的情況下，一個政治系統若高度封閉，因

---

[7] 論盡媒體，2021，〈DQ非建制 6 參選組惹強迴響　選管會 2 日後才拋「7準則」新規定：參選人須擁護「中國共產黨的領導地位」〉，https://aamacau.com/2021/07/13/非建制 6 參選組惹強迴響-選管會 2 日後才拋「7 準則-」/，查閱時間：2021/07/27。

[8] 力報，2020，〈議事亭疑兩人集會被警方帶走　警解釋：一人成示威二人成集會〉，https://www.exmoo.com/article/150442.html，查閱時間：2021/07/27。

[9] 楊鳴宇，2021，〈進入「新常態」的澳門政治〉，《明報》，查閱時間：2021/07/27。

為從事抗爭的風險與威脅太高，抗爭者往往選擇按兵不動，整體社會運動因此呈現靜止的狀態。澳門在近年的政治變化似乎符合這樣的解釋。但只要導致勞工不滿的條件仍然存在，勞工抗爭就不可能完全消失。

參考文獻

余振、婁勝華、陳卓華，2011，《澳門華人政治文化縱向研究》，香港：三聯出版社。

婁勝華，2004，《轉型時期澳門社團研究——多元社會中法團主義體制解析》，廣東：廣東人民出版社。

廖志輝，2018a，〈借助外力的動員：澳門社會運動中的外部動員機制〉，《中國大陸研究》，61:3, 53-85。

廖志輝，2018b，〈勞工貴族的反抗：澳門博彩業工運的研究〉，碩士論文，台灣國立政治大學東亞研究所。

澳門工會聯合總會，2017，《組織架構》，http://www.faom.org.mo/files/faom27.pdf。

澳門廉政公署，2006，《有關完善立法會選舉制度的分析研究》，http://www.ccac.org.mo/cn/intro/download/rpt071025.pdf。

Bueno de Mesquita, Bruce, Alastair Smith, Randolph M. Siverson, and James D. Morrow. 2003. *The Logic of Political Survival*. Cambridge, MA: MIT Press.

Cai, Yongshun. 2010. *Collective Resistance in China: Why Popular Protests*

Succeed or Fall. Standford: Standford University Press.

Chou, Bill K P. 2015. "Politics and Social Organisations in Macau: A Historical Institutionalist Analysis," *China: An International Journal*, 13 (1):22-42.

Davenport, Christian. 2007. "State Repression and Political Order," *Annual Review of Political Science*, 10:1-23.

Fong, Brian Chi Hang. 2013. "State-Society Conflicts under Hong Kong's Hybrid Regime: Governing Coalition Building and Civil Society Challenges," *Asian Survey*, 53 (5):854-82.

Fong, Brian Chi Hang. 2017. "In-between Liberal Authoritarianism and Electoral Authoritarianism: Hong Kong's Democratization under Chinese Sovereignty, 1997-2016," *Democratization*, 24 (4):724-50.

Goldstone, Jack, and Charles Tilly. 2001. "Threat (and Opportunity): Popular Action and State Response in the Dynamics of Contentious Action," In *Silence and Voice in the Study of Contentious Politics*, edited by Ronald R. Aminzade, Jack A. Goldstone, Doug McAdam, Elizabeth J. Perry, William H. Sewell Jr, Sidney Tarrow and Charles Tilley, 179-94. New York: Cambridge University Press.

Gunn, Geoffrey C. 1996. *Encountering Macau: A Portuguese City-State on the Periphery of China, 1557-1999*. Boulder, Colorado: Westview Press.

Hao, Yufan, Li Sheng, and Guanjin Pan. 2017. *Political Economy of Macau since 1999*. Singapore: Springer.

Ho, C. S. Bryan. 2011. "Political Culture, Social Movements, and Governability in Macau," *Asian Affairs: An American Review*, 38 (2):59-87.

Ieong, Meng U. 2017. "Macau and Hong Kong, Convergence or Divergence? The. 2014 Retirement Package Bill Protest and Macau's Governance Crisis," *Asian Survey*, 57 (3):504-27.

Ieong, Meng U. 2019. "'Know Who' May be Better than 'Know How': Political Connections and Reactions in Administrative Disputes in China," *Journal of Chinese Governance*, 4 (3):233-51.

Koopmans, Ruud, and Dieter Rucht. 2002. "Protest Event Analysis," *Methods of Social Movement Research*, 16:231-59.

Kwong, Ying-ho. 2014. "Protests against the Welfare Package for Chief Executives and Principal Officials: Macau's Political Awakening," *China Perspectives*, 4:61-66.

Lam, Agnes Iok-fong, and Cathryn H Clayton. 2016. "One, Two, Three: Evaluating 'Macau's Cultural Revolution'," *Modern China Studies*, 23 (2):163-86.

Levitsky, Steven, and Lucan A. Way. 2010. *Competitive Authoritarianism: Hybrid Regimes after the Cold War*. New York: Cambridge University Press.

Lo, Sonny Shiu-Hing. 1995. *Political Development in Macau. Hong Kong*. The Chinese University Press.

Lo, Sonny Shiu-Hing. 2008. *Political Change in Macau*. London: Routledge.

McAdam, D., McCarthy, J. D., & Zald, M. N. eds. 1996. *Comparative Perspectives on Social Movements: Political Opportunities, Mobilizing Structures, and Cultural Framings*. Cambridge: Cambridge University Press.

Schedler, Andreas. 2015. "Electoral Authoritarianism," Emerging Trends in the Social and Behavioral Sciences: An Interdisciplinary, Searchable, and Linkable Resource, May 15. Accessed 15 August 2019. https:// onlinelibrary.wiley.com/doi/full/10.1002/9781118900772.etrds0098.

Schmitter, Philippe C. 1974. "Still the Century of Corporatism?," *The Review of Politics*, 36 (1):85-131.

Svolik, Milan W. 2012. *The Politics of Authoritarian Rule*. New York: Cambridge University Press.

Tarrow, Sidney. 1998. *Power in Movement: Collective Action, Social Movements and Politics*. NY: Cambridge University Press.

Wang, Hongyu, and Eva P.W. Hung. 2012. "Associational Participation and Political Involvement in Macau: A Path Analysis," *Issues and Studies*, 48 (1):191-212.

Yee, Herbert S. 2001. *Macau in Transition: From Colony to Autonomous Region*. New York: Palgrave.

Yee, Herbert S. 2005. "The 2001 Legislative Assembly Elections and Political Development in Macau," *Journal of Contemporary China*, 14 (43):225-45.

Yu, Eilo Wing Yat, and Ka-Man Chin. 2012. "The Political Opposition and Democracy in Macau: Revolutionaries or Loyalists?," *Government and Opposition*, 47 (1):97-116.

Yu, Eilo Wing Yat. 2007. "Formal and Informal Politics in Macau Special Administrative Region Elections 2004-2005," *Journal of Contemporary China*, 16 (52):417-41.

陸、澳門社會行動的情感動員

林仲軒

一、引言

自 2010 年以來，世界各地發生了一系列基於互聯網特別是社群媒體的社會運動、社會行動、騷亂和革命，如「茉莉花革命」、「阿拉伯之春」和「占領運動」等，其中青年世代都是最主要的參與和行動主體，互聯網也是最主要的推動和連結工具，互聯網時代的青年政治參與被前所未有地啟動和激化。港澳台地區的青年政治運動也應聲而起，台灣爆發了占領「立法院」的「太陽花學運」，香港爆發了「占中」運動，澳門則爆發了回歸以來規模最大的「五 · 二五『反離補 · 反特權』」遊行。這些社會運動都有一個共同特點，即互聯網特別是社群媒體被廣泛認為是協調社會行動的核心，直接影響運動的「動員、組織、商議、協調與決策」，因為社會行動者「透過 Facebook 規劃社會行動，透過 Twitter 協調社會行動，透過簡訊傳播社會行動，並透過 YouTube 將其網播到世界」（Castells, 2012, 58, 229）。

然而，過分強調互聯網的核心作用實際簡化了互聯網與社會行動之間的動態關係，甚至在某種程度上將兩者之間的關係化約為線性的因果關係，這被批評陷入了互聯網烏托邦主義的風險境地（Fuchs, 2012）。此外，這種簡化處理未能充分地將互聯網和社會行動置於政治、歷史、經濟、文化和社會因素的動態背景下，從而忽略了重要的細微差別、歷史的延續性，以及更廣泛的社會行動意義（Ganesh and Stohl, 2013）。而且，儘管大中華地區的這一系列青年社會行動和政治運動已經得到了學界的廣泛

關注，但是，在這方興未艾的研究領域中，澳門地區的研究還相對匱乏，儘管客觀現實是澳門青年同樣也在積極借助網路進行線上和線下的社會行動和政治參與，並作為一種新的政治力量迅速崛起。

在這一批判研究路徑之下，本文將重新情境化地研究互聯網時代社會行動和互聯網之間的關係，並嘗試在這一經典二元關係框架之外，引入關鍵性但又還未被充分重視的組織因素和情感因素 —— 特別是情感的核心作用 —— 建構一個更多元的理解模型。具體而言，本文將探討澳門特定的青年社團如何基於互聯網策略性地訴諸特定的情感路徑而吸引澳門網民，特別是澳門青年網民參與到其發起和組織的行動中。

二、重新啟動行動中的情感要素

社會行動和抗爭政治對現實社會和學術界都至關重要，吸引眾多學者從各個取向和角度進行研究。例如：美國學者已經逐漸形成了資源動員、政治進程和策略框架等理論；歐洲學者則針對女權主義、同性戀、環境保護和動物權利等新社會問題，開展了以身分問題為重點的新型社會運動研究。傳播學者也積極介入了這一研究領域，並主要強調了媒體和傳播對社會行動的重要性，特別是新的互聯網等資訊和通信技術（ICT）的發展如何改變了社會行動的動員、傳播和展延等（Garrett, 2006）。

（一）互聯網時代的社會行動

　　自 1997 年發生在西雅圖的反 WTO 社會行動以來，隨著資訊通信技術的發展，互聯網逐漸介入社會行動，並在其中發揮越來越重要的作用（Juris, 2012）。互聯網似乎不僅僅是一個實用工具，還逐漸被認為是社會資源調動、政治過程、策略框架和集體認同的決定性基礎（Fuchs, 2012）。特別是隨著社群媒體平台的發展以及 2010 年以來社會行動在全球的蓬勃發展，許多學者開始樂觀地想像互聯網時代的社會行動，甚至開始相應地使用諸如「革命 2.0」（Revolution 2.0）、「推特革命」（Twitter Revolution）和「臉書革命」（Facebook Revolution）指代互聯網時代的一系列社會行動（Karpf, 2012）。

　　樂觀學者認為，互聯網可能透過三條主要途徑影響社會行動活動。首先，互聯網提供三種漸進機制來提高社會行動和社會運動的參與（Garret, 2006）。互聯網可以充分降低動員、招募、溝通和傳播的成本，從而提高參與水準（Castells, 2012）；互聯網是社會行動的關鍵管道，可以在網上動員並隨後組織線下行動（Castells, 2012）；社會行動活動中至關重要的各種社群也可以在互聯網上創建、營運、維護和發展，並可能以此為基礎，在動員和維護社會行動中形成集體身分認同（Hampton, 2003）。其次，互聯網成為社會行動重要的創新機制（Laer and Van Aelst, 2010）。互聯網開創了一系列新的社會行動劇碼（repertoire），如線上捐贈、線上請願和駭客攻

擊等（Krinsky and Crossley, 2014）。互聯網也展現出將線上政治討論和文化抵制轉變為線下行動的潛力（Mercea, 2011）。線上線下的社會行動劇碼實際也越來越多地透過互聯網進行即時協調（Costanza-Chock, 2012）。再次，互聯網確保了社會行動活動的分散式、扁平化和無領導的新組織形態（Pickerill and Krinsky, 2012; Penney and Dadas, 2014）。這種組織形態確保了網路中不同節點的協調和不同網路之間的交互，還可以有效激發個人的自我行動和自我組織，加強內部參與者與其他外部行動者之間的互動，最終能促進平等、自由和可持續的社會行動（Castells, 2012）。

然而，上述有關互聯網時代社會行動的樂觀研究簡化了社會行動活動與互聯網之間的關係，以及社會行動本身的內在複雜性（Fuchs, 2012）。一些學者透過研究互聯網對社會行動的影響，質疑了這種互聯網中心主義和樂觀主義傾向。首先，他們認為互聯網通常暴露出其在身分形成和社區創建等方面效率低下的問題，因為互聯網不能產生強烈的團結感，這可能無法長期有效地維繫行動者的參與熱情（Juris, 2012）。其次，這些學者對網路行動主義提出尖銳的批評，認為大多數互聯網社會行動劇碼都是虛幻的，拒絕「進入危險的政治化地帶」，從而使創新社會行動劇碼只是一種「幻覺」而已（Dean, 2005）。再次，他們質疑無領導和非組織性社會行動的浪漫化解釋，其實忽視了更微妙的權力關係和社會行動的內在衝突（Fuchs, 2012），實際上總有

少數人充當「柔性領導者」，並且他們是在互聯網的說明下控制大多數傳播資訊以達成對領導權的實際影響與控制（Gerbaudo, 2012, 139）。

（二）社會行動的情感

互聯網中心主義也被批評忽視了社會行動中至關重要的情感因素（Fuchs, 2012）。但是，正如曼紐爾·卡斯特爾（Manuel Castells）所言，互聯網在社會行動中的職能是基於它作為「憤怒和希望的網絡」（networks of outrage and hope）的事實，「社會運動的大爆發始於情感轉化為行動」；因此，社會行動本質上就是情感運動，因此情感是「社會運動的起源」和「集體行動的驅動因素」（Castells, 2012）。

這種情感特徵在互聯網時代被重新突顯，但實際上它在社會行動的傳統研究中曾被長期忽視。最初，大多數社會運動研究學者認為社會運動和社會行動是需要管理和控制之感性的而非理性的政治行為，主要使用「社會隔離」、「原子化個體」、「異化和焦慮」以及「相對剝奪感」等概念框架，來解釋社會行動的發生和發展（Gurr, 1970）。然而，後來有學者批評這些研究過分強調社會行動的情緒和非理性，但沒有充分解釋個人的精神、情感、情緒失衡如何導致社會集體行為。因此，這些學者拒絕這些非理性的、感性的社會行動研究取向，轉而強調社會行動的理性特徵，進行發展了「資源動員」、「政治過程」、「策略框架」

和「集體認同」等理論解釋社會運動和社會行動的理性運作而非感性驅動（McAdam, 1982）。

　　然而，這種認為情感和理性是完全互斥的隱含假設越來越受到挑戰，有許多學者呼籲要重新把情感「帶回」（back in）社會行動研究領域，並作為重要的解釋變數和解釋框架（Emirbayer and Goldberg, 2005）。事實上，情緒／情感（emotions）早已在社會學中被廣泛研究，但通常涉及更宏大的社會秩序、社會結構、社會變化和社會背景等，而不是與社會行動直接有關（Scheff, 1994）。後來，越來越多的學者開始關注社會行動的情感問題，特別是情感作為政治修辭調動社會行動的巨大力量（Piven and Cloward, 1979）。例如：克里斯汀・史密斯（Christian Smith）討論道德憤怒如何動員社會行動（Smith, 1996）；傑夫・古德溫（Jeff Goodwin）強調社會行動的情感關係及其對團結的影響（Goodwin, 1997）；傑姆斯・賈斯珀（James Jasper）則展示了各種情緒如何影響社會行動的不同層面（Jasper, 1998）。

　　採用這種情感研究路徑的學者認為，情感已經成為改寫和重塑社會行動者行為邏輯的有效元素（Goodwin, Jasper and Polletta, 2001）。實際上，社會行動充滿了情感，而且這些情感賦予他們的行動「思想、意識形態、身分認同甚至行動動力」（Jasper, 1997）。例如：底波拉・古爾德（Deborah Gould）認為，如果我們不充分考慮情感在社會行動的出現、動

員、擴張和衰落中的關鍵作用，是不可能真正理解社會行動的（Gould, 2009）。然而，既有研究大多集中在情感的激勵力量上，而不是情感與行動之間的關係或整個社會行動過程中的情感作用（Jasper, 1998）。例如：維多利亞・亨德森（Victoria Henderson）將情感描述為「驅動性的能量」（Henderson, 2008）；加文・布朗（Gavin Brown）和珍妮・皮克希爾（Jenny Pickerill）認定情感「作為行動的觸發器」（Brown and Pickerill, 2009）；凱斯・阿斯金斯（Kye Askins）認為情感是社會行動中一種「不言而喻卻常常被忽視的力量」（Askins, 2009），它能夠有效促使個人採取或者參與實質行動；安娜・格魯茨琴斯卡（Anna Gruszczynska）則認為情感對社會行動的「出現」達到了「重要因素」的作用。從這個意義上說，既有研究主要是把情感視作激發社會行動的關鍵因素（Gruszczynska, 2009）。

然而，另外一些學者認為應該研究情感和行動之間「更複雜、更模糊的關係」（Horton and Kraftl, 2009），而不是假定存在簡化的因果關係。埃里卡・薩默斯—埃弗勒（Erika Summers-Effler）就認為情感對社會行動同時有正面和負面的作用，一方面可以激發弱勢群體的批判意識和反抗意願，並最終帶來一定的社會變革；另一方面卻也可能限制他們的選擇空間，使其始終處於從屬地位，而很難對社會結構有根本性改變（Summers-Effler, 2002）。布朗和皮克希爾則認為，情感與行

動之間存在相互促進的關係，情感激發社會行動，但社會行動也在激發情感（Brwon and Pickerill, 2009）。賈斯珀和古德溫等人亦指出，情感既是社會行動的動機，也是社會行動本身的目標，兩者是更內在地綑綁一致的，不能剝離其中一個考察另一個，或者透過考察其中一個去考察另一個，而要在一個更交織的關係中去考察（Jasper, 1998）。楊國斌進一步認為，社會行動者並不是簡單地利用情感激發社會行動，而是在社會行動中體驗情感滿足和自我實現（Yang, 2000）。

但這些研究主要是將情感帶回到傳統社會行動研究中，而沒有太多關注數位時代的社會行動。然而，正如卡斯特爾所說，情感，特別是憤怒和希望的情感，在數位時代的社會行動中扮演著越來越重要的角色。互聯網在社會行動中的作用正是基於它充當「憤怒和希望的網絡」這一事實。對於卡斯特爾而言，「社會運動的大爆發始於情感轉化為行動」，因此，社會行動基本上是情感運動，情感是「社會運動的起源」和「集體行動的驅動力」（Castella, 2012, 13, 15, 137）。巴布沙林（Zizi Papacharissi）的著作《情感公眾》（*Affective Publics*）則探討了互聯網尤其是社群媒體如何促進參與感和公眾對情感的展示，從而線上和線下都塑造了對社會行動至關重要的團結（Papacharissi, 2015）。澤伊內普‧圖菲克希（Zeynep Tufekci）則提出了 Twitter 和催淚瓦斯分別代表聯繫和共同情緒，如何使互聯網推動的社會行動與過去的傳統社會行動截然不

同（Tufekci, 2017）。傑佛瑞・朱里斯（Jeffrey Juris）的文章也強調了在全球社會行動中生產強烈團結感的重要性（Juris, 2008）。

　　因此，互聯網特別是社群媒體在互聯網時代的社會行動中的重要性日益增加，但這並不一定要導向互聯網中心主義而無視社會行動中的情感；相反，它為我們提供了一個全新的機會和背景，使我們能夠在數位時代重新啟動社會行動中的情感因素。我們不僅可以進一步考察情感在社會行動中的動員能力，還可以探討情感的內在複雜性及其與數位時代社會行動的動態關係。

（三）行動與情感的脈絡化

　　除了無視社會行動的內部複雜性及其情感面向之外，互聯網中心主義往往也沒能充分脈絡化地考察社會行動的背景。互聯網通常被認為是一種普適性的經驗，並且作為一種新的普遍性（universality）在全球範圍內被應用，因此往往沒有充分重視具體區域脈絡下的在地化觀察（Lin, 2017）。正如卡斯特爾所述：「儘管這些運動產生的背景之間存在著明顯的差異，但某些共同的特徵構成了一個共同的模式：互聯網時代的社會運動形塑。」（Castells, 2012, 249）這種非情境化去脈絡化的研究過分強調互聯網作為社會行動的遊戲改變者，未能充分地將互聯網和社會行動放置於在地的政治、歷史、文化和社會等因素交纏的具體情境脈絡之中（Fuchs, 2012）。例如：「阿拉伯之春」是

由阿拉伯地區特殊的政治、宗教和社會背景以及政府腐敗等因素交織長期作用而引發的（Lim, 2012）。在香港發生的社會行動活動則通常更多地依賴於傳統的大眾媒體，以及朋友和同伴之間現實的人際傳播，而不是虛擬的社群媒體（Lee and Chan, 2011）。

　　同樣，社會行動的情感也必須放置於特定的情境和脈絡之下，以解釋不同情境如何激發和維持社會行動的情感（Brown and Pickerill, 2009）。正如約亨 · 克勒斯（Jochen Kleres）和奧薩 · 韋特葛蘭（Åsa Wettergren）所說：「不同的情感管理模式來自不同的政治和社會的背景和經歷。」（Kleres and Wettergren, 2017）他們透過分析全球環保社會行動中的不同情感因素，包括恐懼、希望、憤怒和內疚等，發現來自已開發國家的「全球北方」（Global North）的環保積極分子傾向於使用帶有希望的積極情感，同時拒絕內疚和責備等消極情感；而來自發展中國家的「全球南方」（Global South）的行動者則更傾向於將希望、內疚和憤怒等不同情感因素結合起來，以更好地管理恐懼等消極情感。其他研究者也發現，大多數關於社會行動情感的研究主要強調消極情感的顯著性，尤其是那些憤怒、憤慨和怨恨的情感，認為它們在社會行動中更突出、更容易發生作用，因為這種消極情感可以有效地促進個人參與社會行動的意願（Barbalet, 1998）。

　　但是，個人很少只體驗到單一的情感，而是在同一時間或者

緊密時間內體驗一個「情感星雲」（emotional constellation）
（Benski, 2011）。事實上，社會行動者在社會行動時往往會同
時遇到消極情感和積極情感（Goodwin and Jasper, 2006）。
例如：楊國斌的研究指出，社會行動者會表現出對當局的憤怒、
憤慨和恐懼的消極情感，但同時也會在運動中體驗到自豪感和同
理心的積極情感（Yang, 200）。具體到互聯網時代，卡斯特爾
也認為，除了憤怒的消極情感之外，帶有希望的積極情感對於
激發社會行動也是至關重要的，並且呈現了從憤怒到希望的過
渡。而根據克勒斯和韋特葛蘭的觀點，不同的社會行動組織會
根據不同的社會行動語境，選擇、組合和管理不同的情感因素
作為不同的「動員策略」（mobilizing strategies）（Castells,
2012, 507）。

　　基於以上文獻討論，本文將嘗試回答以下研究問題：在互聯
網時代，社會行動者特別是社會行動的組織者，如何在社會行動
中訴諸不同的情感策略？更具體而言，本文將在澳門的具體脈絡
下，考察互聯網時代社會行動的情感路徑，特別是澳門的社團社
會、網路社會、政治冷漠社會下特殊的情感社會行動路徑，並討
論其學術意義、現實意義和研究局限。

三、澳門脈絡下的青年行動

　　作為葡萄牙的「前殖民地」和中華人民共和國特別行政區特
區，澳門可以作為研究社會行動活動的獨特場域。儘管「一國兩

制」原則保證了澳門的高度自治，但中央政府透過扶植親北京和親政府力量，實際對澳門早就有根深柢固的實質性影響和控制，因此塑造了社會行動的獨特環境（Liu, 2008）。

首先，澳門一直被視為一個「社團社會」。歷史上，葡萄牙政府和中國政府都需要依靠不同的華人社團來連接對方並代表自身來管理這座城市（Yee, 2001; Wang and Hung, 2012）。因為這一歷史傳統，澳門一直是社團密度最高的地區，至 2012 年已經有超過 6,000 個註冊社團，每 10,000 個澳門人就有超過 100 個社團（Lou, 2013）。這些傳統社團，如澳門中華總商會、澳門街坊總會、澳門工聯會以及新澳門學社（NMA，後簡稱「新澳門」）等，在澳門的政治生態中實際扮演著「準政黨」的角色，而且還影響到澳門居民的日常生活，包括大部分潛在的社會行動活動（Chou, 2005; Lou, 2012）。

其次，澳門已經發展成為一個發達的「網路社會」。儘管澳門互聯網發展較晚，由於市場過於狹小也沒有發展出成熟的互聯網數位經濟產業，但互聯網普及率極高，2016 年網民比例已經高達 80%，高出亞洲 31 個百分點、全球 27 個百分點，甚至比美國還高出 15 個百分點，特別青少年群體的上網率更是完全達到或者非常接近於 100%。[1]在這一網路社會情境下，越來越多的

---

[1] 澳門互聯網研究學會：《第十七次澳門居民互聯網使用年度調查報告》，2017 年，http://www.macaointernetproject.net/uploads/default/files/macaonetusereport2017_20170301_mair.pdf。

新社會組織基於互聯網上建立、發展和維護。這些新組織不像傳統社團那樣與政府完全和諧相處，而是越來越熱衷於社會行動，並且在社會行動中越來越積極甚至激進。然而，這些網路社團並不像全世界其他類似的網路組織一樣純粹或者主要以互聯網為基礎；相反，大多數活躍的網路社團依然與傳統線下社團，特別是所謂「民主派」的「新澳門」有著密切的關係，即其成員和領導人基本是重疊的，因此跟隨其直接或間接地在澳門組織了大量的社會行動。

第三，一直以來，澳門都被定義為一個精小而安靜的和諧小城，民風純樸、沉默寡言、安於現狀、接受現實，而不喜歡社會行動（Lin, 2017）。在這一傳統之下，澳門社會行動的政治機會很少，澳門市民長期以來一直被視為「政治冷漠」（politically apathetic），政治意識和參與社會行動的程度較低（Kwong, 2014）。根據 2011 年進行的一項調查，92.1% 的受訪者從未參加過社會行動。鑑於這種具體情況，社會行動組織者必須制定相應的策略，啟動澳門市民的政治參與熱情。

基於上述的脈絡分析，本研究將基於澳門特殊的社團社會、網路社會、政治冷漠社會的背景，考察互聯網時代一種特殊的社會行動類型——社團發起、網路促成、情感啟動的社會行動，並嘗試建構一個以情感為中心的社會行動分析框架。具體而言，哪些特定的異見組織或者社會行動組織（特定社團），如何在互聯網特別是社群媒體的輔助下（而非完全或者過於依賴互聯

網），透過哪些情感路徑動員市民參與到特定的社會行動之中？

為探索上述細分研究問題，本研究採用案例研究方法。案例研究策略性地濃縮理論和經驗因素，以闡明某單一實踐或現象（Merriam, 1998）。具體而言，本研究根據田野觀察的經歷，選擇以下三個案例——「仆街 CTM」、「社會行動綠巴加價」以及「五 · 二五『反離補 · 反特權』」遊行。這些案例都是筆者田野觀察中，近年來發生在澳門最有意義的代表性社會行動。

四、快樂的社會行動

根據作者的實地調查，當澳門的政治和社會組織試圖在情感上動員市民參與他們發起的社會行動時，他們通常首先傾向訴諸幽默、歡樂和快樂的積極情感，而不是像傳統社會行動情感研究所指出的那樣優先訴諸消極情感（Barbalet, 1998）。這種特殊的情緒路徑是基於組織者的策略考慮，而不是某種「自主反應」（autonomic response）或「自發反應」（spontaneous reaction）（Jasper, 1998）。正如《愛瞞日報》的前主編崔先生所解釋的：

「為什麼要用惡搞這種形式來表達一些東西呢？如果一個社會，比如澳門本身都是很理性、很深入、很熱烈地討論一些社會上發生的事情和話題的話，惡搞這種東西就不怎麼需要出現了。但是，澳門現在很多人，對政治和社會事務

是懶散的、冷漠的，他們並不是很關心⋯⋯不過，年輕人總是要上網的，如果網上有一種比較輕鬆的、比較接近生活的形式去讓他們（青年）了解當下的社會和政治資訊，那或許就會吸引更多的人參與政治討論。所以，很多惡搞的題材都來自於動漫、電影這些生活中經常接觸的東西，是年輕人不抗拒的。那麼，我們就在惡搞創作中加入一些本地的社會事務和政治話題，混合在一起給他們看，吸引大家的關注和討論。事實也證明了，（惡搞這種方式）確實令更多澳門人在討論和關注這些事情，是比較有成效的。」（崔先生，2012 年 6 月 29 日採訪）

因此，惡搞是澳門情境和脈絡下一種特定的社會行動路徑，主要是網民使用電影、歌曲、圖片、時事及公眾人物等原本不相關和不協調的符號，來製作創意、諷刺和顛覆性的敘事、話語、詩歌、歌曲、圖片和影片等。澳門的惡搞文化與日本「kuso 文化」有一定淵源，但與中國大陸的「痞子文學」和香港的「無厘頭電影文化」有更密切的關係，成為一種很有港澳特色的文化實踐，藉由對嚴肅主題的解構來表達不服從和反抗權威的情感（Liu, 2013）。這種惡搞文化作為一種在地化的「文化干擾」（culture jamming），已經成為澳門市民特別是澳門青年非常倚重的一個社會行動路徑（劉世鼎、勞麗珠，2010）。正如崔先生進一步解釋的那樣：

「是不是紙上談兵惡搞一下就算了呢？其實不是的。這只是一個手法而已，如果能成功吸引大家的注意力，就可以有下一步的行動了。比如『綠巴事件』，首先要帶給大家一個資訊，告訴大家有這樣一件事情，在有共鳴之後，就可以去組織，可以一步步地做。」（崔先生，2012 年 6 月 29 日採訪）

　　下面我們用兩個典型案例，「仆街 CTM」和「社會行動綠巴加價」，來說明這種幽默、歡樂和快樂的惡搞式社會行動。在「仆街 CTM」快閃社會行動中，「仆街」在澳門粵語語境下並不是一個簡單的「臥倒」、「平趴」姿勢，而是一個日常罵人、詛咒人的口語，但透過集體具體的身體姿勢表達出來時，便成為了強烈的文化景觀，同時又表達出幽默、歡樂和快樂的情感。2012 年 5 月 17 日，這些網路社團又以同樣的方式，網路組織動員，然後線下具體行動，再次組織了類似的「快閃」社會行動，而且現場明確打出了「快樂抗爭」的口號。「社會行動綠巴加價」事件同樣是另一個有趣的快樂社會行動案例。之前「仆街 CTM」的快樂社會行動經驗被相應的網路社團再次運用至「社會行動綠巴加價」：首先，透過大量的惡搞作品「告知」公眾並引發公眾興趣；其次，建立相應的 Facebook 專頁動員網民參加線下的社會行動；再次，在社會行動當日把線上的惡搞社會行動創作延伸到線下的惡搞社會行動，網民紛紛以各種幽默、歡樂的方式在街頭進行快樂社會行動；最後，街頭的快樂社會行動都被即

時上傳到相應的網路社團進行討論，吸引更多無法親身參與線下社會行動的網民參與到線上社會行動中。

這兩個案例顯示，在互聯網時代，互聯網越來越多地在澳門的社會行動中發揮重要的作用，但是，某些傳統社團——這兩個案例中主要是「新澳門」的附屬機構《愛瞞日報》——卻依然扮演重要的發起者和組織者的角色，同時，組織者還特別策略性地優先訴諸惡搞形式的幽默、歡樂和快樂等情感，並被他們自己界定為「快樂抗爭」。實際上，正如賈斯珀所言，「參與社會運動本身就是愉快的，與最終目標和結果無關。社會行動成為一種表達自己和道德的方式，並使社會行動者從中找到快樂和自豪。」（Jasper, 1998）這些幽默、歡樂和快樂的積極情感「可以創造各種各樣的『吊鉤』來吸引人們的加入」，並透過這種快樂的氛圍來生產社會行動的情感能量（emotional energy）。因此，這種快樂社會行動以「歡樂和笑聲」的氣質引起共鳴，被認為更令人愉快、更有趣，因而也更具活力（Branagan, 2007）。

在整個田野調查期間，作者確實可以感受到社會行動的樂趣，特別是現場的笑聲，社會行動首先是歡樂的而不是苦大仇深的。在這個意義上，社會行動本身充滿了幽默、樂趣、歡笑和快樂，反之亦然，即幽默、樂趣、歡笑和快樂也內含了社會行動，從而創造出更具創意和積極的快樂社會行動形式。事實上，樂趣、笑聲、快樂和幽默等積極情感一直都是快樂社會行

動的不變元素，不是透過邏輯、理性和事實來進行社會行動，而是一種透過使用有趣話語來對抗嚴肅政治的社會行動策略（Warner, 2007）。在這個意義上而言，樂趣、笑聲、快樂和幽默等積極情感被視為參與快樂社會行動的基本前提條件，以保證社會行動者可以在社會行動過程中（而不是社會行動結果上）就能獲得即時的情感滿足，具體而言，是獲得一種快樂獎勵（Wettergren, 2009）。

這種快樂社會行動的形式也創造了一個新的政治空間，使網民在日常生活之外得以參與到某種意義上的「叛逆政治運動」（insurgent political movements），以期基本上改變現實世界（Harold, 2004）。兩個案例都在現實社會有一定的積極影響，例如：「仆街CTM」行動迫使CTM高層及政府出面回應社會行動者的訴求，並因為每年進行而形成某種制度化溝通形式；「社會行動綠巴加價」行動則迫使政府暫停了所有加價申請，特別是直接駁回了綠巴公司的加價申請。而且，快樂社會行動最終都並不局限於社會行動議題本身，通常會將社會行動的樂趣與特定的政治議程相結合，使其成為社會和政治變革的催化劑，比如，上述兩個案例最終都指向CTM的壟斷行為及政府與巴士公司之間的「官商勾結」等，而要求相應的政治改革（Young, 2006）。

同時，快樂社會行動的意義又超越現實社會當下的、具體的改變和改革本身，而在於其對現實社會本身的改變。「直接行動

的嬉戲提供了另一種現實，但它也讓嬉戲變得真實；它把真實從西方框架中的童真和虛假中解放出來，並將其拋諸於政治家和決策者的面前。」（Jordan, 1998）因此，快樂社會行動也被認為是一種意識形態批判的有趣行為（Lambert-Beatty, 2010）。實際上，澳門的快樂社會行動往往隱含某種批判，並以嬉戲般的樂趣、笑聲、快樂和幽默等積極情感顛覆澳門政治的嚴肅性。

五、憤怒社會行動

由於「新澳門」在澳門政治生態內自稱為「民主派」和「反對派」，其附屬及相關社團組織一直跟隨「新澳門」對抗澳門特區政府。因此，在早期策略性地訴諸積極情感以吸引公眾注意進行快樂社會行動，並透過隱藏文本對政府進行批判的基礎上，他們逐漸轉向憤怒、憤慨和怨恨等消極情感，以更直接、更激進地動員直指政府的政治社會行動。

從這個意義上來說，上節討論的幽默、歡樂和快樂等積極情感固然是快樂社會行動的前提策略，但惡搞式快樂社會行動本身又成為進一步更直接和更激進政治社會行動的基礎；文化行動本身往往作為「政治行動的一種墊腳石」（Duncombe, 2002）。實際上，除了幽默、歡樂和快樂等積極或者正面情感之外，傳統研究更多的還是強調不滿、抱怨、憤慨、憤怒和怨恨等消極或者負面情感對社會行動的巨大動員作用，充當眾多社會行動背後最主要的動力（Barbalet, 1998）。正如卡斯特爾所述：「社會運

動不僅僅是因為貧窮或政治上的絕望。他們需要透過對不公正的憤怒而觸發的情感動員。」（Castells, 2012, 248）有些學者甚至認為對社會行動而言，負面情感比正面情感更為突出、更為重要，因為不滿、抱怨、憤慨、憤怒和怨恨等情感是社會行動動員更直接的「驅動力」，能夠充分動員公眾參與某些社會行動（Henderson, 2008, 28）。這些負面情感根植於社會結構變化並直指社會等級、不平等、不公正，暴露出權力當局的虛偽，因此展現出強大的動員力量（Barbalet, 1998）。

根據筆者的田野調查，隨著快樂社會行動逐漸激發澳門市民，特別是澳門青年的政治參與熱情和社會行動興趣，與快樂社會行動相對應的憤怒社會行動路徑也逐漸浮現，即憤怒等消極和負面情感逐漸成為特定政治社團進行社會行動動員的核心情感。「新澳門」及其附屬社團往往借助互聯網，特別是 Facebook 新聞專頁和群組專頁，將各種社會問題歸咎於特定的政府官員和政府部門，把政府指認為不平等、不公正的根源，挑起網民對政府的不滿和憤怒，並渲染和放大這些負面情感而逐步推向具體的線下社會行動。

2013 年 12 月，澳門特區政府向立法會提交《候任、現任及離任行政長官及主要官員的保障制度》法案（簡稱「離補」法），於立法會審議並獲得一般性討論和表決通過。「離補」法不僅使特首在任期內享有刑事豁免權，還為特首和主要官員每人提供數百萬的一次性離任補償以及長期的離任「長俸」（離任特

首每月 18.9 萬澳門元「長俸」）。法案沒有經過充分公眾諮詢便推出，並將於 2014 年 5 月 27 日在立法會正式表決，因此在表決前便引起澳門市民強烈不滿，並最終引發線上線下的社會行動。

2014 年 5 月 14 日，網路上有 Facebook 專頁發起了一場名為「一人一圖反離補」的線上社會行動。這一次，他們不再訴諸快樂社會行動，而是憤怒社會行動，網民們紛紛上傳自己憤怒舉牌「貪官離補，實在離譜」的照片到其 Facebook 專頁上，牌子上還統一用一頭「肥豬」代表官員。之後，「新澳門」及其他相關社團，如「澳門良心」、「守護澳門」等也相繼行動，發起各種線上社會行動和街頭簽名社會行動等。

5 月 20 日，網路組織「澳門良心」時任理事長周先生及其他兩位負責人到澳門政府及立法會提交請願信，要求撤回法案。請願現場照片被同步上傳到「澳門良心」Facebook 主頁，並用於發起「反離補‧反特權‧撤法案」的「五‧二五遊行」以及「五‧二七著白衫包圍立法會」的「占領行動」，並邀請了其群組的 46,000 名網民參與。5 月 25 日遊行社會行動當天，組織者稱有越過 20,000 名（警方則估計有 7,000 名）市民參加了遊行，成為澳門回歸以來規模最大的遊行社會行動（2014 年澳門人口只有 56 萬）。[2] 社會行動者用中文、葡文、英文等寫了

---

2 dos Reis, H., "Protest against 'golden handshake' bill draws record crowd,"

各種標語，並高喊這些標語表達自己的憤怒。

　　5 月 25 日社會行動遊行當晚，澳門行政會召開緊急會議應對，要求將法案重新提交立法會審議。5 月 26 日，澳門特首崔世安提出取消立法會原定於 5 月 27 日討論「離補」法案的議程。但社會行動者並不滿足，打出「我哋係要撤回，唔係暫緩」（我們要的是撤回，不是暫緩）的口號，並繼續推進 5 月 27 日包圍立法會的行動。5 月 27 日下午，有市民學生下班放學後陸續穿白衣到立法會前草地聚集。到 27 日晚最終有逾 7,000 人包圍立法會，他們高舉手機燈光，照亮廣場，一起高唱《海闊天空》，高喊「撤回」、「撤回」。5 月 29 日上午，澳門特首崔世安宣布，將致函澳門立法會正式撤回《候任、現任及離任行政長官及主要官員的保障制度》草案。

　　由於幾乎所有成功的社會行動都涉及「規模轉變」（scale shift），作為 1999 年澳門回歸以來最大的社會行動，結合當時席捲全球的社會行動高潮的背景，澳門「五・二五大遊行」並不能與依賴互聯網特別是社群媒體的「阿拉伯之春」相提並論。相反，它是澳門特殊情境和脈絡下，一個典型的社團發起、網路促成、情感啟動的社會行動。這一社會行動類型還會保留下來進行重複操演，直至其成為澳門情境某種特定的社會行動模式和儀式。

Macau Post, May 2014, p. 1.

六、結語

　　本文立足於澳門特定的社團社會、網路社會、政治冷漠社會之背景，基於情感為中心的社會行動分析框架，考察了澳門青年互聯網時代特殊的社團發起、網路促成、情感啟動的社會行動。本研究發現，互聯網在澳門青年社會行動中扮演著日益重要的促進作用，但它並不像很多既有研究所指出的那樣，成為社會行動的決定性因素（Castells, 2012）。在互聯網特別是社群媒體的輔助下，傳統的社團組織仍然達到至關重要的發起和組織作用，而且在他們的策略之下，澳門社會行動主要依賴兩條特定的情感動員路徑，發展出兩種特殊的情感社會行動：一是快樂社會行動，二是憤怒社會行動，並且前者作為後者的鋪墊。

　　「快樂」與「憤怒」兩個路徑與楊國斌的「悲情」與「戲謔」兩個路徑可以形成某種對比和對話，即在不同的政治機會結構下，情感動員會有相應不同的情感路徑，而且，澳門「快樂」與「憤怒」的路徑相對來說有更寬鬆、更積極的策略空間。這種看似理性的策略選擇不僅不是與感性的情感傾向相矛盾的，相反，是一直就應該內化於情感動員研究的；情感動員從來都不是一種自主反應或自發行為，而是建立在社會行動者特別是組織者的主觀判斷和評估基礎上。有些學者甚至用「情感策略」（emotional strategy）的概念來解釋這種策略性的情感動員，即社會行動組織者如何策略性地利用其組織、資源、力量和創造力，以激發特定的情感路徑而進行相應的社會行動動員

（Whittier, 2001）。

　　但是，我們也不能浪漫化這種特定情境下的情感策略及其社會行動模式，而仍然要把握到這種特定的社會行動模式內在的局限性。實際上，這種社團發起、網路促成、情感啟動的社會行動往往都只是短暫的、一次性的社會行動，而不能在持續的社會運動中建立長期的社會關係，並在這種社會關係基本上建立集體認同。換言之，這種社會行動模式也無法透過多元、複雜、異質的社會過程和政治過程，經由民粹理性的霸權接合塑造出某種可能的「人民」來真正挑戰政府。

　　儘管沒有建立起這種整體性的「人民」認同和集團，但這一社會行動模式卻逐漸在澳門塑造了一個「社會行動世代」——上述系列的社會行動社團、組織者、社會行動者都基本是九〇後網民——一掃澳門和諧小城和澳門人安分小民的形象，因此，這場「青年震盪」甚至被認為代表著「澳門的政治覺醒」（Kwong, 2014）。社會行動中跳脫出來的蘇先生、周先生等九〇後青年也紛紛在現實社會中介入澳門的政治生態，甚至當選為澳門的立法委員，成為一股新興的政治力量。

參考文獻

劉世鼎、勞麗珠，2010，〈網路作爲澳門的另類公共領域〉，《新聞學研究》，第 102 期。

Askins, Kye. 2009. "'That's Just What I Do': Placing Emotion in Academic Activism," *Emotion, Space and Society*, 2(1):4-13.

Barbalet, Jack M. 1998. *Emotion, Social Theory, and Social Structure. A Macrosociological Approach.* Cambridge: Cambridge University Press.

Benski, Tova. 2011. "Emotion Maps of Participation in Protest: The Case of Women in Black against the Occupation in Israel," *Research in Social Movements, Conflicts and Change*, 31:3-34.

Branagan, Marty. 2007. "The Last Laugh: Humour in Community Activism," *Community Development Journal*, 42(4):470-481.

Brown, Gavin, and Jenny Pickerill. 2009a. "Space for Emotion in the Spaces of Activism," *Emotion, Space and Society*, 2(1):24-35.

Castells, Manuel. 2012. *Networks of Outrage and Hope: Social Movements in the Internet Age.* Cambridge, UK; Malden, MA: Polity Press.

Chou, Bill Kowk Ping. 2005. "Interest Group Politics in Macau after Handover," *Journal of Contemporary China*, 14(43):191-206.

Costanza-Chock, Sasha. 2012. "Mic Check! Media Cultures and the Occupy Movement," *Social Movement Studies*, 11(3/4):375-385.

David Karpf. 2012. *The MoveOn Effect: The Unexpected Transformation of American Political Advocacy.* Oxford, UK: Oxford University Press.

Dean, Jodi. 2005. "Communicative Capitalism: Circulation and the Foreclosure of Politics," *Cultural Politics*, 1(1):51-74.

Duncombe, Stephen. 2002. *Cultural Resistance Reader.* New York: Verso.

Emirbayer, Mustafa, and Chad Alan Goldberg. 2005. "Pragmatism, Bourdieu, and Collective Emotions in Contentious Politics," *Theory and Society* 34(5):469-518.

Fuchs, Christian. 2012. "Some Reflections on Manuel Castells' book *Networks of Outrage and Hope.* Social Movements in the Internet Age," *Triple C,* 10(2):775-797.

Ganesh, Shiv, and Cynthia Stohl. 2013. "From Wall Street to Wellington: Protests in Anera of Digital Ubiquity," *Communication Monographs,* 80(4):425-451.

Garrett, Kelly R. 2006. "Protest in an Information Society: A Review of Literature on Social Movements and New ICTs," *Information, Communication & Society*, 9(2):202-224.

Gerbaudo, Paolo. 2012. *Tweets and the Streets: Social Media and Contemporary Activism.* Pluto Press.

Goodwin, Jeff, and James Jasper. 2006. "Emotions and Social Movements," In J.E. Stets and J.H. Turner, eds., *Handbook of the Sociology of Emotions*, 611-630. New York: Springer.

Goodwin, Jeff, James Jasper, and Francesca Polletta, eds. 2001. *Passionate Politics: Emotions and Social Movements.* Chicago, IL: University of Chicago Press.

Goodwin, Jeff. 1997. "The Libidinal Constitution of a High-Risk Social Movement: Affectual Ties and Solidarity in the Huk Rebellion, 1946 to 1954," *American Sociological Review*, 62(1):53-69.

Gould, Deborah B. 2009. *Moving Politics. Emotion and Act Up's Fight against Aids*. Chicago, IL: The University of Chicago Press.

Gruszczynska, Anna. 2009. "'I Was Mad about It All, about the Ban': Emotional Spaces of Solidarity in the Poznan March of Equality," *Emotion, Space and Society*, 2(1):44-51.

Gurr, Ted Robert. 1970. *Why Men Rebel*. Princeton, NJ: Princeton University Press.

Hampton, Keith N. 2003. "Grieving for a Lost Network: Collective Action in a Wired Suburb Special issue: ICTs and Community Networking," *The Information Society*, 19(5):417-428.

Harold, Christine. 2004. "Pranking rhetoric: 'Culture Jamming' as Media Activism," *Critical Studies in Media Communication*, 21(3):189-211.

Henderson, Victoria L. 2008. "Is There Hope for Anger? The Politics of Spatializing and (re) Producing an Emotion," *Emotion, Space and Society*, 1(1):28-37.

Horton, John, and Peter Kraftl. 2009. "Small Acts, Kind Words and 'Not too much Fuss': Implicit Activisms," *Emotion, Space and Society*, 2(1):14-23.

Jasper, James M. 1997. *The Art of Moral Protest. Culture, Biography, and Creativity in Social Movements*. Chicago, IL: The University of Chicago Press.

Jasper, James M. 1998. "The Emotions of Protest: Affective and Reactive Emotions in and around Social Movements," *Sociological Forum*, 13(3):397-424.

Jordan, John. 1998. "The Art of Necessity: The Subversive Imagination of Anti-Road Protest and Reclaim the Streets," In George Mckay, ed., *Diy Culture: Party and Protest in Nineties Britain*, 129-151. London and New York: Verso.

Juris, Jeffrey. 2008a. *Networking Futures: The Movements against Corporate Globalization*. Durham, NC: Duke University Press.

Juris, Jeffrey. 2012. "Reflections on #Occupy Everywhere: Social Media, Public Space, and Emerging Logics of Aggregation," *American Ethnologist*, 39(2):259-279.

Karpf, David. 2012. *The Move on Effect: The Unexpected Transformation of American.*

Kleres, Jochen, and Asa Wettergren. 2017. "Fear, Hope, Anger, and Guilt in Climate Activism," *Social Movement Studies*, 16(5):507-519.

Krinsky, John, and Nick Crossley. 2014. "Social Movements and Social Networks: Introduction," *Social Movement Studies*, 13(1):1-21.

Kwong, Ying Ho. 2014. "Protests against the Welfare Package for Chief Executives and Principal Officials. Macao's Political Awakening," *China Perspectives*, 4:61-65.

Lambert-Beatty, Carrie. 2010. "Fill in the Blank: Culture Jamming and the Advertising of Agency," *New Directions for Youth Development*, 125:99-112.

Lee, Francis LF, and Joseph M. Chan. 2010. *Media, Social Mobilization and Mass Protests in Post-colonial Hong Kong: The Power of a Critical Event.* Routledge.

Lim, Merlyna. 2012. "Clicks, Cabs, and Coffee Houses: Social Media and Oppositional Movements in Egypt, 2004-2011," *Journal of Communication*, 62(2):231-248.

Lin, Zhongxuan. 2017a. "Contextualized Transmedia Mobilization: Media Practices and Mobilizing Structures in the Umbrella Movement," *International Journal of Communication*, 11, 48-71.

Liu, Shih-Diing. 2008. "Casino colony," *New Left Review*, 50:109-124.

Liu, Shih-Diing. 2013. "The Cyberpolitics of the Governed," *Inter-Asia Cultural Studies*, 14(2):252-271.

Lou, Shenghua. 2013. "Multi-categories and Pan-functions: The Diversified Development and Question Analysis of Macau Associations," In Wu, Zhilian and Hao Yufan, eds. *Annual Report on Economy and Society of Macau (2012-2013)*, 52-71. Beijing: Social Science Academic Press.

McAdam, Doug. 1982. *Political Process and the Development of Black Insurgency, 1930-1970.* Chicago, IL: University of Chicago Press.

Mercea, Dan. 2011. "Digital Prefigurative Participation: The Entwinement of Online Communication and Offline Participation in Protest Events," *New Media & Society*, 14(1):153-169.

Merriam, Sharan. 1998. *Qualitative Research and Case Study Applications in Education.* San Francisco, CA: Jossey-Bass Publishers.

Papacharissi, Zizi. 2015. *Affective Publics: Sentiment, Technology, and Politics*. Oxford: Oxford University Press.

Penney, Joel, and Caroline Dadas. 2014. "(Re) Tweeting in the Service of Protest: Digital Composition and Circulation in the Occupy Wall Street Movement," *New Media & Society*, 16(1):74-90.

Pickerill, Jenny, and John Krinsky. 2012. "Why does Occupy Matter?," *Social Movement Studies*, 11(3/4):279-287.

Piven, Frances Fox, and Richard Cloward. 1979. *Poor People's Movements: Why They Succeed, How They Fail*. New York: Vintage Books.

Scheff, Thomas J. 1994. *Microsociology: Discourse, Emotion, and Social Structure*. Chicago, IL: University of Chicago Press.

Smith, Christian. 1996. *Resisting Reagan: The Central America Peace Movement*. Chicago, IL: University of Chicago Press.

Summers-Effler, Erika. 2002. "The Micro Potential for Social Change: Emotion, Consciousness, and Social Movement Formation," *Sociological Theory*, 20(1):41-60.

Tufekci, Zeynep. 2017. *Twitter and Tear Gas: The Power and Fragility of Networked Protest*. Princeton, NJ: Yale University Press.

Van Laer, Jeroen, and Peter Van Aelst. 2010. "Internet and Social Movement Action Repertoires: Opportunities and Limitations," *Information, Communication & Society*, 13(8):1146-1171.

Wang, Hongyu, and Eva P.W. Hung. 2012. "Associational Participation and Political Involvement in Macau: A Path Analysis," *Issues & Studies*,

48(1):191-212.

Warner, Jamie. 2007. "Political Culture Jamming: The Dissident Humor of the *Daily Show* with Jon Stewart," *Popular Communication*, 5:17-36.

Wettergren, Asa. 2009. "Fun and Laughter: Culture Jamming and the Emotional Regime of Late Capitalism," *Social Movement Studies*, 8(1):1-15.

Whittier, Nancy. 2001. "Emotional Strategies: The Collective Reconstruction and Display of Oppositional Emotions in the Movement against Child Sexual Abuse," In J. Goodwin, J.M. Jasper, and F. Polletta, eds., *Passionate Politics: Emotions and Social Movements*, 233-250. Chicago, IL: The University of Chicago Press.

Yang, Guobin. 2000. "Achieving Emotions in Collective Action: Emotional Processes and Movement Mobilization in the 1989 Chinese Student Movement," *The Sociological Quarterly*, 41(4):593-614.

Yee, Herbert, Lou, Shenghua and Chan, Cheuk Wah. 2011. *Longitudinal Research on the Political Culture of Macau*. Hong Kong, HK: Joint Publishing (HK) Co. Ltd.

Yee, Herbert. 2001. *Macau in Transition: From Colony to Autonomous Region*. New York: Palgrave Macmillan.

Young, Dannagal Goldthwaite. 2006. "Late-night Comedy and the Salience of the Candidates Caricatured Traits in the 2000 Election," *Mass Media & Society*, 9:339-366.

柒、媒體使用習慣和其對雨傘運動態度的影響——一項澳門學生和中國大陸學生的比較研究

楊鳴宇、王紅宇

一、研究背景

　　雖然學界一直關注媒體使用習慣如何影響讀者的政治態度，如何在存在審查的威權政體開展相關研究對於研究者而言仍是一大挑戰（例如：Lu, Aldrich, and Shi, 2014; King, Pan, and Roberts, 2013; Lorentzen, 2013）。除此之外，也有研究認為是政治態度反過來影響媒體使用習慣，而非相反（Garrett, 2009; Stroud, 2008）。政治立場明顯的讀者更傾向主動尋找立場相似的媒體。本文試圖透過分析在澳門高校就讀的本地學生和中國大陸學生對「雨傘運動」的態度，解決上述提及的一系列研究挑戰。具體而言本文有兩個研究問題，第一，本地學生和中國大陸學生在媒體使用習慣上是否存在差異？第二，閱讀同樣的媒體對兩類學生的政治態度影響是否存在差異？本文認為因為存在先驗的政治立場的原因，即便接觸相同的媒體資訊，對不同學生的政治態度影響也會不同。已經存在明確政治立場的學生會抗拒那些同樣立場明確但和自己相異的媒體資訊，而沒有明確政治立場的學生則會較容易被立場明確的媒體資訊影響（Wohn and Bowe, 2016）。

　　在正式開始討論本文的研究發現前，需要先解釋一下選擇在澳門高校就讀的學生作為研究對象於研究設計上能夠帶來什麼好處。首先，「雨傘運動」是近年對香港和澳門影響最為深遠的政

治事件之一，[1]媒體幾乎是無間斷地追蹤和報導運動的動態，這使得即便被認為是政治冷感的澳門社會，也很難完全無視運動引發的各種議題和辯論（Ieong, 2019）。第二，澳門擁有和香港及中國大陸截然不同的政治文化。澳門人沒有強烈的愛國主義，同時「一國兩制」使中國大陸式的愛國教育和媒體審查沒有在本地開展（Huang, 2015; Huang, Wang, and Shao, 2018）。另一方面，澳門人也沒有表現出和香港人同樣追求民主的需求。事實上，澳門回歸後從未發生過以政治議題為核心的社會運動。也就是說澳門人在政治上，無論是相較香港或中國大陸，都要更加「中性」（Lam, 2010; Yee, 1996, 2001; Lo, 2007）。第三，「一國兩制」也保障了澳門的言論自由（Lee, 2007; Chan, 2017; Guo, 2011），中國大陸學生能在澳門看到更多元政治立場下有關運動的報導，這在中國大陸的媒體審查下是非常困難的事情（Han and Chen, 2016）。最後，假如研究對象本身就有參與過運動的經歷，必然會對其政治態度有影響，這會增加把媒體影響分離出來的難度。選擇「一河之隔」的澳門作為研究對象

1　根據香港《基本法》第四十五條「香港特別行政區行政長官在當地通過選舉或協商產生，由中央人民政府任命。行政長官的產生辦法根據香港特別行政區的實際情況和循序漸進的原則而規定，最終達至由一個有廣泛代表性的提名委員會按民主程序提名後普選產生的目標。行政長官產生的具體辦法由附件一《香港特別行政區行政長官的產生辦法》規定」。「雨傘運動」的目的因而是通過「占領中環」的方式促使中央政府兌現「普選」的承諾。詳細的背景參考Ortmann（2015）。

較少可能面對上述的問題。綜上所述，考慮到本地學生和中國大陸學生截然不同的成長環境，澳門社會獨特的政治文化和一個相對多元的言論自由環境，使其為解決本文開端提及的諸多難題提供了理想條件。

在接下來部分，本文首先對在澳門範圍內能被看到的媒體之政治光譜做一個基本介紹。之後給出具體的研究假設，並對如何收集數據和測量變量進行描述，最後根據研究發現給出結論和研究貢獻。

二、在澳門的媒體的政治光譜

澳門雖然只是一個面積約為 30 平方公里的城市，亦有超過 10 份定期出版的報紙（涵蓋中文、英文和葡文）。發行量最大的是政治立場偏建制的《澳門日報》，而更為「敢言」的英葡報紙發行量只占市場的一成左右。因此，即便考慮了諸如《論盡澳門》和《愛瞞日報》等近年出現的新媒體，澳門本地的媒體生態總體而言仍是風格保守和沉悶的（Su, 2017; Yin, 2009），報導「更專業和好看」的香港報紙於是成為很多澳門人的另外選擇，同時輔以外語媒體作為獲取資訊的渠道。因此，在澳門能被看到的媒體從政治立場上大體可以分為三類：「政治立場偏建制的媒體」（以下簡稱「建制媒體（pro-establishment）」）、「中立媒體（neutral）」和「民主媒體（pro-democracy）」。

「建制媒體」包括《澳門日報》、《大公報》、《星島日報》、《東方日報》和其他中文報紙（Chan and Lee, 2007; Kwong, 2015; Lee and Chan, 2009）。其中《大公報》是香港傳統的左派報紙，而《星島日報》和《東方日報》則在 1997 年後在立場上逐漸偏向中國。這些媒體在對「雨傘運動」的報導中通常把其描述成一場動亂或「外國勢力」在背後推動的社會運動，同時也試圖說服香港社會接受北京提出的選舉改革方案。

《明報》、《端》和《信報》一般被視為「中立媒體」。以《明報》為例，學者形容其在「雨傘運動」中把自己定位為既不傾向示威者也不傾向香港政府的「公正獨立的仲裁人」（Lee and Lin, 2006），強調理性和客觀的報導態度（Kwong, 2015; Lee, 2007; Lee and Lin, 2006）。然而也有學者認為明報表現出的其實是一種用中性包裝的建制，因為像「雨傘運動」這樣具爭議性的社會運動，是很難做到真正的「中立」，過分強調專業操守反而會弱化了媒體本來應有的制衡功能（Lee, 2007）。

至於「民主媒體」會對運動做出和上述兩類媒體頗為不同的報導視角並不令人感到意外。《蘋果日報》除了公開表態支持，還要求香港政府做出讓步。而像《立場新聞》和《100 毛》這樣的網路媒體則把自己視為是香港利益和核心價值的捍衛者（Lee and Lin, 2006）。外語媒體一般也把運動視為是追求民主化的嘗試。例如《時代周刊》（*Time Magazine*）的一篇報導的題目是〈Hong Kong's Fight for Freedom is a Challenge to China〉（Kwong, 2015）。而《紐約時報》（*New York Times*）則在一篇報導的結尾中寫道：「The young people through his Umbrella Revolution have demonstrated that they have a mind of their own. They're prepared to stand up and be counted.」[2]

　　另外因為本文的研究對象是高校學生的政治態度，考慮到他們接收資訊的習慣，我們把 Facebook 和微信這樣的社群媒體影響也納入分析範圍。和報紙不同，社群媒體一般自己不是新聞的生產者，相反它們只是提供了一個傳播資訊的平台。根據我們收集回來的數據顯示，大約 64% 的受訪者每天都會在社群媒體瀏覽新聞，透過報紙閱讀新聞的則只有 25.2%。62.1% 和 64% 的受訪者分別曾在 Facebook 和微信上討論過「雨傘運動」。換言之，不論是「主動接觸」或「被動接觸」，受訪者主要透過社群媒體來完成。

---

[2]　Lauren Hilgers. 2015. "Hong Kong's Umbrella Revolution isn't over yet," *The New York Times Magazine*, Feb 18. http://www.nytimes.com/2015/02/22/magazine/hong-kongs-umbrella-revolution-isnt-over-yet.html?_r=1.

表 7-1　澳門能閱讀到的媒體的政治光譜

政治立場	媒體
建制媒體	《澳門日報》、《大公報》、《星島日報》、《東方日報》、《太陽報》、《力報》及其他中文媒體
中立媒體	《明報》、《信報》、《端》
民主媒體	《蘋果日報／蘋果動新聞》、《論盡澳門》、《立場新聞》、《100毛／毛記電視》、外語媒體

資料來源：作者

三、媒體使用習慣如何影響政治態度

　　既有研究認為人們要麼「主動接觸」（intentional exposure）政治資訊（又稱為「主動學習（active learning）」），要麼「被動接觸」（incidental exposure）社群媒體上的資訊——後者可以稱為「被動學習（passive learning）」。人們總體上喜歡和自己認知一致的資訊並不難理解，意見相左的資訊會引起心理反感（Stroud, 2008）。因此如果已經存在明確的政治立場，就會傾向繼續強化自己的認知並同時減少容忍相異的觀點（Garrett, 2009; Stroud, 2008; Nyhan and Reifler, 2010）。例如汪錚指出中國的年輕世代（尤其是有過留學經歷的群體）具有較強的愛國立場（Wang, 2012）。考慮到有能力到澳門學習的中國大陸學生來自經濟能力較好的家庭，出於自身利益的考量支持既有體制是理性的選擇，可以預期他們會更偏好「建制媒體」（Hyun and Kim, 2015）。但媒

體的使用也可能僅出於習慣，而非個人的有意識選擇（Larose, 2010; Wohn and Bowe, 2016）。即便沒有了「防火牆」可以自由接觸各種觀點，中國大陸學生仍然更傾向使用微信而非臉書（FacebooK）作為接受資訊的平台，這可能是因為他們的社交圈子都集中在前者。總括而言，我們預期中國大陸學生因為政治立場和生活習慣，媒體使用習慣和本地學生會存在差異。

> 假設 1a：中國大陸學生較少閱讀香港和澳門的媒體，尤其是其中的「民主媒體」。
> 假設 1b：在社群媒體上，中國大陸學生更偏好使用微信，本地學生更偏好使用臉書。

然而值得注意的是，即便人們喜歡「主動接觸」和自身政治立場一致的資訊（Garrett, 2009; Stroud, 2008; Garret, Carnahan, and Lynch, 2013），它未必是一個普遍的現象，原因是不見得每個人都有一個明確的政治立場，更普遍的情況可能是人們出於專業操守和公信力而選擇某個媒體，因而可能意外地「被動接觸」和自己認知不同的資訊（Holbert, Hmielowski, and Weeks, 2012; Lee, So, and Leung, 2015）。例如一項研究就發現那些看政治立場保守的「福克斯新聞」（Fox News）的人，更可能同時看持自由主義立場的「微軟—全國廣播公司」（Holbert, Hmielowski, and Weeks, 2012），政治立場更像是媒體使用習慣的「調節器」，而非唯一決定性因素。換言之，「建制媒體」可能會強化中國大陸學生的既有立場，「民

主媒體」則未必會使其變得更認同民主（Nyhan and Reifler,
2010）。而目前還未有理論對「中性媒體」如何影響政治態度
做出分析，但我們預期其強調客觀事實而非政治立場的風格，可
能會使中國大陸學生更容易接受和自身立場不一致的資訊。至於
本來立場就「中性」的本地學生，我們則預期可能較容易受到強
烈的政治立場影響。

假設 2a：「建制媒體」的資訊同時減少中國大陸學生和本
地學生對「雨傘運動」的支持。

假設 2b：「民主媒體」的資訊增加本地學生對「雨傘運動」
的支持，但對中國大陸學生沒有影響。

假設 2c：「中性媒體」的資訊對本地學生沒有影響，但增
加中國大陸學生對「雨傘運動」的支持。

最後，社群媒體是最有可能發生「被動接觸」的途徑
（Colleoni, Rozza, and Arvidsson, 2014）。由於在現實中往
往很少會擁有政治立場完全一致的社群網絡（例如：朋友、同
事、同學和家庭成員），因此社群媒體會增加接觸不同立場的機
會（Bode, 2016; Tang and Lee, 2013; Wohn and Bowe, 2016;
Zhao, 2016; Wells and Thorson, 2017）。這為理解相異立場創
造了基礎，甚至可能在理據充分的情況下變得更加包容不同觀
點（Wang, Guo, and Shen, 2011; Tang and Lee, 2013）。也許
人們會不同意朋友圈發表的觀點，但很少會僅因觀點不同而「絕
交」（Bode, 2016），因為在現實中始終會有交集。而對於本

身對政治不感興趣的人，「被動接觸」可以是一種彌補資訊的途徑（Wells and Thorson, 2017），當他們的網絡中有特別關心政治的人，可能使他們的相關知識慢慢也變得豐富（Valeriani and Vaccari, 2016; Tang and Lee, 2013）。那麼「被動接觸」到底在多大程度上有助學生了解政治呢？有些觀點認為「被動學習」可能比「主動學習」更有效。首先，因為人總是有固定的認知習慣，朋友圈的資訊本身就提供了學習新知識的機會。其次，朋友圈的資訊很少是純粹政治性的，往往同時伴隨其他諸如明星八掛、娛樂或個人狀態更新等其他資訊，在這樣的狀態下接收政治資訊要比帶著特定目的去閱讀新聞來得輕鬆，從而降低對立場相異觀點的防備（Bode, 2016）。第三，臉書和微信上的資訊發布者很多時候在現實中也有交集，人們因此可能會更認真對待（Bode, 2016; Tang and Lee, 2013）。

和「主動接觸」能夠作為媒體使用習慣和政治態度的調節變量原因同理，我們預期「被動接觸」也可以影響學生對「雨傘運動」態度，但無法預期具體的影響方向。[3] 然而因為存在資訊審查的關係，臉書和微信上傳播的資訊會存在差異，前者會更多元，而後者被「建制」立場主導。我們因而提出下面的假設：

---

3 根據假設 2a 至假設 2c，當政治立場作為媒體使用習慣對政治態度的「調節器」時，有 6 種可能的結果（2 種結果為正，2 種結果為負，2 種結果為中性）。

假設 3a：「被動接觸」臉書上的資訊影響本地學生和中國
　　　　大陸學生對「雨傘運動」的態度。

假設 3b：「被動接觸」微信上的資訊減少本地學生和中國
　　　　大陸學生對「雨傘運動」的支持。

四、研究方法

在開始收集數據前，我們先訪問了 10 位學生（5 位本地學
生，5 位中國大陸學生），了解他們使用媒體的習慣和對「雨傘
運動」的態度，並以這些資訊作為基礎設計了問卷。

（一）樣本的收集

受限於經費，我們採用了方便抽樣，在 2016 年 3 月至 4 月
間，首先在澳門大學的公共課上收集了就讀大學二年級和三年級
的學生樣本，大學一年級學生不被考慮的原因是我們認為剛來報
到的中國大陸學生還未足夠熟悉澳門的媒體環境。由於澳門大學
是本地最大的公立學校，同時公共課包括了不同院系的學生，即
使無法反映全部學生的情況，仍然具有一定的代表性。同時為
了增加代表性，隨後我們也在澳門理工學院和澳門城市大學同樣
利用方便抽樣的方法收集了第二批樣本。最後收集的樣本總數是
825 人，其中 60% 為女性，22.5% 為中國大陸學生。[4]

---

[4] 中國大陸學生的定義為出生於中國大陸並持有中國大陸身分證的學
　生。

（二）測量

本文的因變量「對雨傘運動的態度」透過以下的問題測量：「2014 年 8 月末，在香港發生了為爭取普選立法會議員及行政長官的『占領中環』事件。請問您對占領中環的態度是？」受訪學生之後在一個 10 分的量表裡表達其態度，其中 1 分表示「非常不贊同」，10 分表示「非常贊同」。至於自變量「主動接觸」和「被動接觸」的測量方式如下：對於前者，我們詢問學生在臉書上閱讀表 7-1 中的媒體的頻率，如果選項為「從不」或「很少」，編碼為 0，選項為「有時」或「經常」的話，編碼為 1；對於後者，我們詢問學生從臉書朋友動態或 News Feed 和微信上閱讀到有關澳門和中國政治及民生方面話題的頻率，根據頻率由「從不」、「很少」、「有時」到「經常」依次編碼 1 至 4。學生的背景資訊諸如性別、父親的教育程度、成績、修讀專業等，則作為控制變量使用。

五、研究發現

（一）學生對「雨傘運動」的態度和媒體使用習慣

表 7-2 顯示本地學生總體上更傾向支持「雨傘運動」。但絕對值在 10 分量表中並沒有超過一半，只能算是非常溫和的支持度，這和已有研究中認為澳門是一個政治冷感的社會，並且在對民主的理解上和中國大陸近似的結論一致（Lu and Shi, 2015; Yee, 2001）。

表 7-2　主要變量的描述性統計

	本地學生	中國大陸學生
對雨傘運動的態度	4.7	2.7
「主動接觸」的資訊		
建制媒體		
澳門日報／大公報	42.1%	19.6%
星島日報	16.6%	7.1%
東方日報／太陽報／力報	36.3%	15.7%
其他中文報紙	12.8%	32.5%
中立媒體		
明報	28.4%	18.1%
端	11.1%	7.8%
信報	16.1%	7.4%
民主媒體		
論盡澳門	38.7%	9.3%
立場新聞	17.2%	7%
蘋果日報／蘋果動新聞	76.9%	37%
100 毛／毛記電視	61.5%	11.2%
外語媒體	45.9%	44.5%
「被動接觸」的資訊		
臉書	2.8	2.3
微信	2.2	2.4

備註：
1. 對雨傘運動的態度，表中數值為 10 分量表（贊同程度）的平均統計。
2. 「被動接觸」的資訊，表中數值為 4 分量表（頻率）的平均統計。
資料來源：作者

在「主動接觸」的資訊來源中，本地學生特別偏好《蘋果日報／蘋果動新聞》（76.9%）、《100 毛／毛記電視》（61.5%）和外語媒體（45.9%）。而無論持何種政治立場，中國大陸學生對香港和澳門的報紙沒有表現出太大的興趣，每天都有閱讀的比例普遍低於 20%。相較之下，他們更多閱讀中國大陸的報紙。但有意思的是，他們閱讀外語媒體的比例（44.5%）幾乎和本地學生一樣，並且同樣偏好《蘋果日報／蘋果動新聞》（37%）。因此假設 1a 只有部分得到證實，這使我們可以較少擔心「自選擇偏誤」（self-selection bias）造成的問題。至於「被動接觸」的資訊中，一如假設 1b 的預期，本地學生的來源更多來自臉書（2.8 vs. 2.3）而非微信（2.2 vs. 2.4）。

（二）媒體使用習慣對「雨傘運動」態度的影響

表 7-3 顯示「主動接觸」建制媒體會降低對「雨傘運動」的支持，然而係數在 0.05 的水平上不顯著，假設 2a 因此被拒絕。與之相對的是民主媒體能顯著增加本地學生的支持度，相同的影響沒有出現在中國大陸學生身上，假設 2b 得到支持。最後，一如假設 2c 預料，中立媒體對本地學生沒有影響，卻顯著增加中國大陸學生的支持度（p<0.01）。高達 0.86 的相關係數同時使其成為模型考慮的所有變量中最強的解釋變量。

至於「被動接觸」臉書上的資訊，能顯著增加本地學生的支持度，而中國大陸學生的相關係數雖然為正，統計上亦不顯

表 7-3　媒體使用習慣對「雨傘運動」態度的影響

	對「雨傘運動」的態度	
	本地學生	中國大陸學生
截距項	2.08**	2.02
「主動接觸」的資訊		
建制媒體	-0.09	-0.09
民主媒體	0.18***	-0.3
中立媒體	-0.16	0.86**
「被動接觸」的資訊		
臉書	0.26*	0.19
微信	0.02	-0.17
控制變量		
女性	-0.23	0.1
父親的教育程度	0.01	0.04
學習成績	0.07	-0.06
修讀專業	0.17	-0.23
民族主義	-0.84***	-0.42
家中長輩對「雨傘運動」的態度	0.19***	0.14
家中同輩對「雨傘運動」的態度	0.14**	0.05
朋友對「雨傘運動」的態度	0.46***	0.40***
R^2	0.49	0.36
樣本數量	605	183

備註：$*p<0.05$; $**p<0.01$; $***p<0.001$
資料來源：作者

著。模型結果因此即便可解讀為接觸多元的資訊有助對不同觀點的包容性，但假設 3a 只得到部分支持。至於「被動接觸」微信上的資訊結果更為有趣，由於沒有統計上顯著的相關係數，假設 3b 被拒絕。然而，相關係數在本地學生和中國大陸學生上呈現相反的方向需要更多解釋。一個可能的原因是學生們使用的是不同版本的微信，微信的中國版和國際版採用不同的審查策略是一個已經被證實的事實。例如，根據多倫多大學「公民實驗室」（Citizen Lab）最近發布的報告裡提供的兩個例子，[5] 研究者首先在中國版微信的朋友圈發布和「709 大抓捕」有關的圖片，[6] 該圖片在其他同樣使用中國版的微信用戶中被隱藏，但國際版用戶能正常顯示。而在第二個例子中，研究者接著試驗用中國版微信發送同一幅圖片給一個國際版用戶，圖片沒有被正常送出。同樣的情況在國際版用戶嘗試發送一張「空椅子」（代表被囚禁的諾貝爾和平獎得主劉曉波）圖片給一位中國版用戶時也發生了。上述的例子顯示，中國版用戶遭受更強的審查力度。由於在中國的政策和法規裡，澳門被劃分為境外地區，本地學生使用澳門手機號碼註冊會被歸類為國際版用戶，從而能夠享受到相對而言更多元

---

[5] Jeffrey Knockel, Lotus Ruan, Masashi Crete-Nishihata and Ron Deibert. 2018. "(Cant't) Picture This: An Analysis of Image Filtering on WeChat Moments," The Citizen Lab, Aug 14, https://citizenlab.ca/2018/08/cant-picture-this-an-analysis-of-image-filtering-on-wechat-moments/.

[6] 「709 大抓捕」的背景參考 https://www.hongkongfp.com/china-lawyer-crackdown/。

的資訊自由。這可以解釋為何同樣使用微信，本地學生對「雨傘運動」的支持度存在正相關，在中國大陸學生身上亦是負相關。

六、結語和討論

總括而言，本文的發現對於澳門政治和政治傳播學有以下的貢獻。

第一，即使「雨傘運動」對香港的政治發展產生了深遠的影響，[7]在一河之隔的澳門學生群體中只得到非常溫和的支持。港澳兩地的政治文化為何會有如此明顯的不同並不是本文關心的問題，但正如既有研究指出兩地因為不同的政治議程（一個以「民主化」為中心，一個以「維持現狀」為中心），政治發展將循不同的軌跡，而我們的發現支持了這個判斷。我們的發現也基本上解釋了為何同屬「混合政體」（hybrid regime）且都在「一國兩制」下的香港和澳門，在政治穩定上存在明顯差異。[8]

第二，雖然以往有不少澳門社會媒體使用習慣的研究，但

---

[7] 「雨傘運動」產生的其中一個政治後果是所謂「本土主義」的崛起，相較於傳統的「泛民主派」透過議會民主的方式實現民主化，它在策略上更激進（例如：公投和暴力革命）。

[8] 「混合政體」是指在制度上同時擁有民主和威權特徵的政體。例如：在香港和澳門，雖然行政長官由間接選舉產生，但在立法會亦有部分議席由一人一票的直接選舉選出。參考 Diamond（2002）。

並沒有包括來自中國大陸的學生。我們的發現顯示即使身處澳門，他們還是較少閱讀港澳報紙，仍習慣透過微信接收資訊。上述媒體使用習慣是多方面原因造成的，比如根據我們的訪問了解，包括對本地事務不感興趣和不習慣閱讀繁體字等。但我們無意放大這種差異性，事實上調查結果也顯示中國大陸學生和本地學生有著不少相似性。因此我們的發現可以歸納為在一個多元的媒體環境下，即便不會完全改變原來的使用習慣，更多的選擇空間仍能使兩類學生基本上變得趨同。

第三，我們發現即便同樣閱讀政治立場相近的媒體，兩類學生對「雨傘運動」的態度仍然產生了不同的影響。也就是說學生自身的政治立場成為了媒體和政治態度之間的「調節器」。我們的發現也顯示「被動接觸」並不如有關政治傳播中的「被動學習」理論所預期那樣，比「主動學習」更有效地塑造公眾輿論。

參考文獻

Bode, Leticia. 2016. "Political News in the News Feed: Learning Politics from Social Media," *Mass Communication and Society*, 19 (1):24-48.

Chan, Joseph M., and Francis Lap Fung, Lee. 2007. "Media and Politics in Post-handover Hong Kong: An Introduction,"*Asian Journal of Communication*, 17 (2):127-33.

Chan, Michael. 2017. "Media Use and the Social Identity Model of Collective Action: Examining the Roles of Online Alternative News and Social Media

News," *Journalism & Mass Communication Quarterly*, 94 (3):663-81.

Colleoni, Elanor, Alessandro Rozza, and Adam Arvidsson. 2014. "Echo Chamber or Public Sphere? Predicting Political Orientation and Measuring Political Homophily in Twitter Using Big Data," *Journal of Communication*, 64 (2):317-32.

Diamond, Larry Jay. 2002. "Thinking about Hybrid Regimes," *Journal of Democracy*, 13 (2):21-35.

Garret, R. Kelly, Dustin Carnahan, and Emily K. Lynch. 2013. "A Turn toward Aviodance? Selective Exposure to Online Political Information, 2004-2008," *Political Behavior*, 35 (1):113-34.

Garrett, R. Kelly. 2009. "Echo Chambers Online?: Politically Motivated Selective Exposure among Internet News Users," *Journal of Computer-Mediated Communication*, 14 (2):265-85.

Guo, Steve. 2011. "Framing Distance: Local vs. Non-Local News in Hong Kong Press," *Chinese Journal of Communication*, 4 (1):21-39.

Han, Donglin, and Dingding Chen. 2016. "Who Supports Democracy? Evidence from a Survey of Chinese Students and Scholars in the United States," *Democratization*, 23 (4):747-69.

Holbert, R. Lance, Jay D. Hmielowski, and Brian E. Weeks. 2012. "Clarifying Relationships Between Ideology and Ideologically Oriented Cable TV News Use: A Case of Supperssion," *Communication Research*, 39 (2):194-216.

Huang, Haifeng. 2015. "Propaganda as Signaling," *Comparative Politics*, 47 (4):419-37.

Huang, He, Fangfei Wang, and Li Shao. 2018. "How Propaganda Moderates the Influence of Opinion Leaders," *International Journal of Communication*, 12:2599-621.

Hyun, Ki Deuk, and Jinhee Kim. 2015. "The Role of New Media in Sustaining the Status Quo:Online Political Expression, Nationalism and System Support in China," *Information, Communication & Society*, 18 (7):766-81.

Ieong, Meng U. 2017. "Macao and Hong Kong—Convergence or Divergence? The 2014 Anti-Retirement Package Bill Protest and Macao's Governance Crisis,"*Asian Survey*, 57 (3):504-27.

Ieong, Meng U. 2019. "Attitudes towards the Umbrella Movement in Macao: Findings and Implications from a Survey of University Students," *China: An International Journal*, 17 (2):181-95.

King, Gary, Jennifer Pan, and Margaret E. Roberts. 2013. "How Censorship in China Allows Government Criticism but Silences Collective Expression," *American Political Sciecne Review*, 107 (2):1-18.

Kwong, Ying-Ho. 2015. "The Dynamics of Mainstream and Internet Alternative Media in Hong Kong: A Case Study of the Umbrella Movement," *International Journal of China Studies*, 6 (3):273-95.

Lam, Wai-Man. 2010. "Promoting Hybridity: The Politics of the New Macau Idenity," *The China Quarterly*, 203:656-74.

Larose, Robert. 2010. "The Problem of Media Habits," *Communication Theory*, 20 (2):194-222.

Lee, Francis Lap Fung. 2007. "Hong Kong Citizens' Beliefs in Media

Neutrality and Perceptions of Press Freedom: Objectivity as Self-Censorship?," *Asian Survey*, 47 (3):434-54.

Lee, Francis Lap Fung., and Joseph Chan. 2009. "Organizational Production of Self-Censorhsip in the Hong Kong Media," *The International Journal of Press/Politics*, 14 (1):112-33.

Lee, Francis Lap Fung., and Angel Mei Yi, Lin. 2006. "Newspaper Editorial Discourse and the Politics of Self-Censorship in Hong Kong," *Discourse & Society*, 17 (3):331-58.

Lee, Paul Siu Nam., Clement York Kee, So., and Louis Leung. 2015. "Social Media and Umbrella Movement: Insurgent Public Sphere in Formation," *Chinese Journal of Communication*, 8 (4):356-75.

Lo, Sonny Shiu-Hing. 2007. "One Formula, Two Experiences: political divergence of Hong Kong and Macao since retrocession," *Journal of Contemporary China*, 16 (52):359-87.

Lorentzen, Peter. 2013. "China's Strategic Censorship," *American Journal of Political Science*, 58 (2):402-14.

Lu, Jie, John Aldrich, and Tianjian Shi. 2014. "Revisiting Media Effects in Authoritairan Societies: Democratic Conceptions, Collectivistic Norms, and Media Access in Urban China," *Politics & Society*, 42 (2):253-83.

Lu, Jie, and Tianjian Shi. 2015. "The Battle of Ideas and Discourses before Democratic Transition: Different Democratic Conceptions in Authoritarian China," *International Political Science Review*, 36 (1):20-41.

Nyhan, Brendan, and Jason Reifler. 2010. "When Corrections Fail: The Persistence of Political Misperceptions," *Political Behavior*, 2010

(32):303-30.

Stroud, Natalie Jomini. 2008. "Media Use and Political Predispositions: Revisiting the Concept of Selective Exposure," *Political Behavior*, 30 (3):341-66.

Su, Chang. 2017. "The Roles of Online Alternative Media in Facilitating Civil Cociety Development in Macau: The Case Study of Macau Concealers and All About Macau Media," In *Digital Technology and Journalism: An International Comparative Perspective*, edited by Jingrong Tong and Shih-Hung Lo, 237-59. Palgrave Macmillan.

Tang, Gary, and Francis Lap Fung, Lee. 2013. "The Impact of Exposure to Shared Political Information, Connections With Public Political Actors, and Network Structural Heterogeneity," *Social Science Computer Review*, 31(6):763-73.

Valeriani, Augusto, and Cristian Vaccari. 2016. "Accidental exposure to politics on social media as online participation equalizer in Germany, Italy, and the United Kingdom," *New Media & Society*, 18 (9):1857-74.

Wang, Ning, Zhongshi Guo, and Fei Shen. 2011. "Message, Perception, and the Beijing Olympics: Impact of Differential Media Exposure on Perceived Opinion Diversity," *Communication Research*, 38 (3):422-45.

Wang, Zheng. 2012. *Never Forget National Humiliation: Historical Memory in Chinese Politics and Foreign Relations*. New York: Columbia University Press.

Wells, Chris, and Kjerstin Thorson. 2017. "Combining Big Data and Survey Techniques to Model Effects of Political Content Flows in Facebook,"

Social Science Computer Review, 35 (1):33-52.

Wohn, Donghee Yvette, and Brian J Bowe. 2016. "Micro Agenda Setters: The Effect of Social Media on Young Adults' Exposure to and Attitude Toward News," *Social Media + Society*, 2 (1):1-12.

Yee, Herbert S. 1996. "The Political Subcultures of University Students in Hong Kong, Macau, and Taiwan," *Issues & Studies*, 32 (3):55-77.

Yee, Herbert S. 2001. *Macau in Transition: From Colony to Autonomous Region*. New York: Palgrave.

Yin, Degang. 2009. "Aomen dazhong chuanmei xianzhuang yu fazhan fanglue [An Overview on Mass Media in Macao]," In *Aomen renwen shehui kexue yanjiu wenxuan · zonghejuan [Selection of Humanity and Social Science Studies in Macao · Synthetic]*, edited by Zhiliang Wu and Zhenyu Chen, 331-42. Beijing: Social Science Press.

Zhao, Xinyan. 2016. "Effects of Perceived Media Diversity and Media Reliance on Public Opinion Expression," *International Journal of Public Opinion Research*, 28 (3):355-75.

捌、我們澳門人——制度脈絡、時序及澳門身分認同的發展

吳明軒

MACAO
CHINA

一、前言：多重性格的澳門身分認同？

　　既有對澳門人身分認同情況的測量，大多得出類似的結論：澳門居民普遍同時存在對「中國人」及「澳門人」兩種身分範疇的認同。「香港大學民意研究計畫」（港大民研）由 1999 年澳門回歸前夕起至 2018 年間每年進行的「澳門週年調查」民意調查計畫，顯示澳門的「市民身分認同感」在二十年間，始終維持著對「中國人」及「澳門人」兩種身分範疇的高程度認同（見圖 8-1）（港大民研，2019）。澳門大學社會學系團隊於 2015 至 2017 年間執行的「澳門社會調查」抽樣調查中，亦發現了類似對「澳門人」及「中國人」認同高漲的現象（蔡天驥、王紅宇，

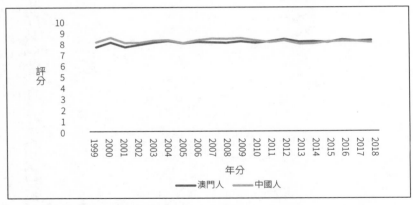

圖 8-1　澳門市民的身分認同感（1999-2018）

資料來源：〈市民的身分認同感〉。香港大學民意研究計畫，澳門週年調查。
　　　　　數據取自 https://www.hkupop.hku.hk/chinese/popexpress/macau/identity/
　　　　　datatables.html。取用日期：2021/07/29。

2020）。至於就此「雙重認同」的內涵而言，過往澳門身分認同研究發現，殖民地的葡萄牙元素、中國的族群—文化元素，以及逐漸成形中的澳門元素，在澳門回歸後的官方論述及民間動員中被重新組構（Lam, 2010；李展鵬，2018）。在包含多重敘事的情況下，有論者認為澳門身分認同難以被清晰指稱（黎熙元，2005）。

在上述簡單對既有研究結論的回顧中，亦浮現了有待進一步探問的議題。首先，「澳門人」認同作為一種相對於「中國人」認同而言的身分範疇，其出現及成形事實上有賴於特定的脈絡。論者經常提到的殖民地及特別行政區脈絡，意味著一個相對區隔的政體，提供了有別於國家認同的本土認同發展的前提。而政體自主性具體的作用機制，則是透過特定的制度安排，令某種身分認同形態得以發軔。此外，論者所提到的殖民地元素，反映了既有的身分認同條件，如何在政治權力的變化中，形塑了後來的身分認同形態。特定的形態，事實上是從不同事件中的特定排序所產生。

基於澳門經驗的特質，筆者在本文中將透過制度及時序的視角，分析澳門身分認同的發展軌跡。亦將借助民族主義研究中制度取向的分析及比較歷史分析中的概念工具，勾勒出本文的理論觀點，並以既有澳門身分認同研究作為分析對象，檢視並提取既有研究當中的制度——時序議題，以闡述本文的主張。本文最後進一步檢視澳門作為一個「案例」所具有的經驗及理論意涵。

二、制度 —— 時序視角下的身分建構

　　制度取向的民族主義研究，拒斥了過往把包括身分認同在內的民族主義視作社會實體的理論取向。Brubaker（1996, 16-18）把民族視作「制度化的形式」（institutionalised form），指出特定的制度安排如何偏好並建制特定的民族主義。其亦認為民族性（nationness）的發展，並不是穩定地朝向某種特定方向邁進，而是帶有相當的偶然性及殊異的發展速度（Brubaker, 1996, 19-20）。而制度能發揮作用的前提，關鍵在於政體的自主性。Roeder（2007）指出，民族國家得以成功建構的核心，是「分級政體／制度」（segmented states/institutions）的存在與否。在政體內部，「分級制度」提供了政治精英建立並鞏固「政治身分霸權」（political identity hegemony）的機會。

　　透過政治資源的聚合、集體行動的動員及整合計畫的設計與實行，制度提供了政治精英推進某一特定「民族國家計畫」（nation-state project），而壓抑其餘「替代性國家計畫」（alternative state project）的誘因。雖然 Brubaker 與 Roeder 的關懷與澳門的經驗存在一定差異，但兩者的研究指出了政體自主性如何透過制度框架，發揮身分認同形成的關鍵作用。在此意義上，兩位學者的研究可用作解釋澳門為何並未出現單一「澳門人」身分取得霸權性地位的情況。Mendes（2013, 19）對葡萄牙殖民主義的分析指出，葡萄牙並未於澳門建立起政治上具自主性的殖民政府，以及文化上整合澳門華籍人口的體

系。在 1966 年「一二‧三事件」後，澳葡政府更需與社會集團分享管治權力（Chan and Cheng, 2020）。迥異的殖民議程加上殖民地政府勢力的此消彼長，使得單一「澳門人」身分從未以霸權性的形式出現。相反的，族群—文化意義上的「中國人」身分，則持續於澳門居民的身分認同中具有主導地位（余振、劉伯龍、吳德榮，1993）。

　　而殖民地時代形成的身分認同形態，之所以得以延續到特別行政區時期，並持續形塑新時期政府的身分認同議程，關鍵是特別行政區的政體設計，制度化了既有的身分認同形態（Yew and Kwong, 2014, 1091）。大體上繼承殖民地制度框架的「一國兩制」設計，事實上維持了既存制度持續偏好某種身分認同形態的效應，進而形塑了官方建構認同敘事時的「選項」。而此一「維持效應」的具體作用方式，則展現為相互交織的制度及認同，在時間上的發展先後順序所導致的結果。Falleti 和 Mahoney（2015）進一步指出，事件發展所導致的**特定**結果，事實上是由**特定**的事件順序所促成。當事件在時間過程中出現的時間順序有變時，亦會影響具體的結果。由此，制度形塑身分認同的具體機制，同時亦是一種時間過程。在特定時間點由制度作用而形成的身分認同形態，將會成為影響後置時間點中身分建構的結構性因素。在以下的分析中，亦將檢視在時間上相鄰的認同形態如何彼此影響。

三、澳門身分認同：過去與現在

接下來，將依循上述的理論取徑，並藉由既存有關澳門身分認同的研究，檢視澳門身分認同發展中的制度 —— 時序議題，同時亦將藉此視角重新建構澳門認同的發展軌跡。由於特別行政區大致上繼承了殖民地時代的制度框架，下文將首先考察殖民地時代澳門身分原型形成的過程，接著檢視既有的認同形態，如何形塑特別行政區時期官方主導的身分認同建構工程，以及社會對「澳門人」此一身分範疇於認知及實作上的轉變。

（一）殖民地時期的澳門認同

雖然 1949 年中共建國後澳門與廣東的來往暫告中斷，令過往「（廣東）省－港－澳」連成一體的制度環境消失，從而提供了「澳門人」身分認同發展的結構性前提，但共同體邊界的確立，於澳門的脈絡中並未成為促進殖民地本土身分形成的因素。研究殖民地時期澳門身分認同的論者指出，葡萄牙殖民地政府的政體特性，限制了「澳門人」此一身分類屬於殖民地制度環境下的形成。鄭宏泰及黃紹倫（2009）的研究以「身分證」此一身分認同的制度性肯認機制為對象，指出澳葡政府雖然在當時設立了一套身分界定及認證的制度，但由於殖民地行政的混亂及缺少強制力的配合，令此肯認機制並未有進一步透過其分類及認證功能，劃分出一個能清晰辨認，且具有法律地位的「澳門人」群體。此揭示了殖民地雖然存在著偏好本土認同的制度環境，但政體的特性，限制了此種形式進一步發揮建制化「澳門人」身分

認同的功能。

　　而殖民地政體的限制，亦具體展現於澳葡政府相對於民間社會的自主性。過往對澳門殖民時期的研究指出，殖民地內部長期存在對華人社群有龐大影響力的各種中國勢力（Chan, 2003），並制約了澳葡政府的殖民管治。1949 年中共建政後國共兩股勢力在澳門的競爭，使殖民政府基於現實政治考量，放任兩股中國勢力在澳門對華人社會施加影響力。如果地緣政治於客觀而言限制了殖民地政府對華人社群的管治，那麼葡萄牙於澳門的殖民邏輯，則進一步影響了其政治能力。正如上述，葡萄牙在澳門並未積極整合華籍人口，加上當時葡萄牙正處於威權統治時期，殖民地的政治權力事實上高度集中於殖民地政府及澳門的葡萄牙社群中。換言之，澳葡政府難以透過擴大政治參與，創造有利於本土認同形成的制度環境。地緣政治「吸納」華籍人口加上殖民地體系的內向性，令澳門內部事實上存在著兩個相對隔離的群體。由葡萄牙人及混血的「土生」社群組成的殖民地政體——政治社會體系，與華人社會基本處於互相獨立的狀態（黎熙元，2005）。此種社會組成方式，使得殖民地澳門的制度環境並不利於「澳門人」認同的形成。Chou（2010）在比較港澳殖民地教育體系塑造認同的機制中，指出澳門辦學團體（包括葡人社群、親北京／台北勢力、教會）的林立，令各種「替代性計畫」相互抵銷。進一步而言，由於教育場域中缺乏由殖民政府主導的「整合性計畫」，在放任抱有各種政治議程的社會團體吸納澳門

居民的情況下，使得不同政治意涵下的「中國人」認同持續在殖民地內部發揮影響力。類似的情況，亦出現在殖民地內的不同場域中。在 1966 年「一二‧三事件」及 1974 年葡萄牙國內革命爆發後，葡萄牙於澳門管治的能力及意願進一步收縮。雖然殖民政府在形式上仍維持其管治，但親北京的左派精英成為了壟斷對華人社會影響力的唯一來源（Chan and Cheng, 2020）。隨著兩股勢力競逐情形的消失，「中國人」認同的政治意涵逐漸因政治穩定而變淡，但既有的族群─文化元素則持續成為澳門居民於身分認同上的主軸。

　　雖然文化意義上的「中國人」認同一直處於主導地位，但殖民地管治的持續則令澳門開始出現於本地出生的第二代澳門人。由於殖民地制度環境界定了此一群體的生活經驗，因此從 1980 年代起，一種建基於澳門殖民地生活（如語言、生活習慣）而逐漸浮現的軟性「澳門人」認同逐漸開始形成（Kaeding, 2010, 138）。雖然一種全新的身分認同逐漸成形，但由於其鑲嵌在既有的制度脈絡中，因此新「澳門人」認同同時亦受到既有的認同形態所形塑。首先，此種相對「淺薄」的殖民地「澳門人」認同，並未產生對「中國人」的認同的排斥；作為「中國人」的族群─文化意涵仍然具有決定性的影響力（Kaeding, 2010）。雖然澳葡政府從 1980 年代起，開始建構起帶有濃厚

「澳門人」公民身分意涵的制度，[1]但既有的政治性隔閡並未使此種制度環境成為進一步促進「澳門人」認同的有利條件。反之，既有住民式認同隨著 1990 年代初澳門經濟的顯著改善，則進一步演變為對殖民地生活感到滿意的「自豪感」（余振、劉伯龍、吳德榮，1993）。但回歸前澳葡政府的文化工程，則成為了對特區政府而言關鍵的制度遺緒。殖民政府透過刻意以帶有濃厚葡萄牙色彩的方式，在澳門的文化遺產、論述及城市面貌上把澳門進行「再葡化」，以保留葡萄牙在澳門的足跡，並強調其作為一個毗鄰中國，但充滿「西方異國風情」的城市形象（Lam, 2010, 662）。在回歸後的政治—經濟脈絡中，特區政府「重新」利用了這些殖民地的制度化形式，並同時形塑了官方及民間對「澳門人」認同的建構及詮釋。

（二）回歸後的澳門認同發展

澳葡政府在回歸前夕的管治失效，使得新任特區政府為在回歸初年鞏固其管治正當性，重新建構了有關本土身分的議程。Lam（2010, 664）所討論特區成立初年的「以民為本」論述策略及制度實作，揭示了既存認同形態如何形塑新政治脈絡中的制度——認同建構。既有「澳門人」身分的淺薄性，令特區政府不

---

[1] 1981 年，葡萄牙把適用於澳門的國籍法，由屬地主義改為屬人主義，意味著在澳門居民只能透過血緣關係取得葡萄牙公民身分。1984 年，澳葡政府向華籍人口開放立法會的選舉權。

需顧慮提倡本土身分在政治上的反效果（ibid）。而特區政府亦沿襲了殖民地末期「澳門人」認同的發展進路，即透過政府的表現，以管治績效來培養澳門居民對政府及澳門的認同感。當強調「表現」的策略於回歸初年的制度安排中被確立後，其將透過塑造澳門市民的認知及影響政府的資源分配，持續地發揮其效應，並進而推動了特區政府的「正當性政治」往表現方向傾斜的局面（Ieong, 2020, 3）。

就新的經濟脈絡而言，2002 年賭權開放後，博彩及旅遊業成為澳門經濟中的重心。在把澳門構框為一個博彩旅遊城市的過程中，既有包括遺跡及文化論述的殖民地遺產，在新的經濟脈絡中被重新發掘、定義及利用。此種制度化的形式透過重新定義澳門，進而界定了「澳門人」認同的內涵。特區政府透過把澳門視作中葡元素「和諧共處」的象徵，進而引申到澳門人講求和諧及避免衝突的「去政治化」性格（Lam, 2010）。而「中葡混雜」作為「一國兩制」框架下澳門的定位，預設了澳門人同時作為國家意義上「中國人」的身分，並進而產生了「愛國愛澳」的構框（Lam, 2010）。

由此，一種制度化、與國家認同並置、強調澳門人擁有獨特「混雜」文化及非政治化「和諧」取向的官方澳門身分認同，成為特區政府認同建構的進路。雖然此種由上而下的身分認同形態，在特區政府的制度實作中得到反覆鞏固，但此制度化的形式亦產生了非意圖的後果，令「官方身分認同」透過不同方式被澳

門社會重新界定，以用作建構「澳門人」身分認同的內涵。正如李展鵬（2018）的分析所揭示，特區政府在新政治─經濟脈絡中把殖民地遺產（國際肯認的歷史城區、非物質文化遺產）予以制度化的進路，非意圖地溢出了官方議程的範圍。

澳門民間在官方推廣歷史遺產的制度環境中，提升了澳門本土事物的關注，並進而推動了 2000 年代中期民間集體行動（如景觀保育運動）的出現。透過對過往本土事物的回溯，澳門社會建構了一種基於「集體記憶」的本土論述，透過想像的共有經驗界定「澳門人」此一身分（李展鵬，2018）。雖然由下而上的「澳門人」身分認同透過挪用特區政府制度化下的文化─歷史資源以建構身分認同，但此一進路亦依循了殖民地時代起強調本地認同中「共同經驗」的特性。此反映了殖民地遺緒在制度化的同時，亦形塑了「澳門人」認同發展的可能性。

除了官方議程的反響外，特區時期的新政治─經濟脈絡對澳門社會造成的效應，亦令澳門身分認同從 2000 年代後期起，逐漸衍生了不同的意涵。賭業開放後，大批中國大陸旅客到澳門賭博及旅遊觀光。在大量人流的流入對澳門社會造成了各方面的影響下，刺激了澳門社會對「我者」及「他者」群體的區分。Breitung（2009, 121-123）的分析，進一步揭示此種區別過程如何受到既有的制度環境所形塑，而呈現出複雜的面貌。一方面，「一國兩制」框架下經濟結構所帶來的紅利，令澳門人大多肯認「中國人」的身分認同。另一方面，大陸遊客的湧入對特區

制度環境所造成的負面效應（如治安及衛生方面），令澳門人逐漸意識到其與「內地遊客」在行為舉止及生活習慣上的落差，並進而產生了「我者」與「他者」之分。相對而言，「內地遊客」較澳門人「不文明」（Breitung, 2009）。此一看似矛盾的認同形態，事實上反映了特區制度脈絡的特殊性。作為相當程度而言區隔於中國大陸的政體，政治邊界的存續建制化了特定政治—地理範圍內的行為模式，使得邊界兩側的差異變得明顯，從而提供了劃分「我者」與「他者」的認知資源。但此種區隔之所以能與「中國人」的國家認同共存，反映了既有的「中國人」認同已充分制度化的情形下，使得澳門人並未因實際上的差異而進一步抗拒中國認同。由此，澳門人採取了一種折衷性的區分架構，透過非完全等同於「中國」的「內地」此一政治範疇，作為對「同中有異」的指涉。

　　而特區政府管治中的不同事件，進一步促發了對官方制度化下的霸權性「澳門人」身分的挑戰。林仲軒（2017）分析了澳門網友如何於網路平台上，拒斥了官方「澳門人—中國人」的制度性霸權身分，並進而建構替代性的單一「澳門人」身分議程。此種「替代性認同」強調澳門人的情感連帶及共同記憶，除沿襲了既有強調共享經驗的認同框架外，以網路為媒介亦反映了在官方制度化形式的壟斷性地位，令實質的制度環境難以成為單一本土認同聚合的媒介，而轉向於網路此一並未被制度化的空間，形構對「澳門人」的替代性想像。

另一方面，在缺乏表述政治意義上「澳門人」認同的制度環境下，使得澳門居民的政治不滿，轉為訴諸既有制度化的「中國人」國家認同，以透過繞過特區政體的方式，直接向「中央」表達訴求（陳宇威、蕭家怡，2019）。此種表達不滿的手段事實上亦反映了由官方所界定的「去政治化」澳門人身分，如何因未能有效地提供澳門社會意見表達的管道，反向構成了特區政府的管治壓力。而近期有關澳門居民身分認同的量化研究，亦進一步反映特區制度環境中界定「澳門人」公民身分的屬性，並未顯著地增強單一「澳門人」身分認同，反而是對「澳門人」及「中國人」身分認同皆有類似作用（王佳煌、詹傑勝，2019；蔡天驥、王紅宇，2020）。上述論者把此現象總結為澳門社會對「中國人」及「澳門人」兩種身分認同存有同樣高認同感的「雙重認同」現象。事實上，雖然特區的公民參與制度無法進一步推動本土認同的發展，呼應了特區政府「去政治化」的管治策略，但正如前述，當「澳門人」的訴求無法透過制度表述時，對特區政府所造成的挑戰或將大於其政治效果。

四、結論與討論

在本文中，筆者從制度及時序的理論視角出發，檢視了澳門身分認同從殖民地時代到當代的發展軌跡。指出由於葡萄牙殖民政府並未（成功）在澳門建構出任何有關「澳門人」認同的壟斷性議程，故相比起濃厚的族群—文化的中國認同，殖民地脈絡中

的澳門認同呈現為較淡薄的「生活經驗」，以及稍後取決於政府表現的「自豪感」。在特別行政區時期的新政治─經濟脈絡中，特區政府透過繼承晚期葡殖遺產，制度化了官方的霸權性澳門認同。此種認同產生了非意圖的後果，除引起了澳門社會挪用官方的制度構框，重新詮釋「澳門人」的認同論述外，令「替代性」的單一澳門認同表述逐漸形成。但由下而上形成的澳門認同建／重構，同時亦受到制度化的「澳門人」及「中國人」身分認同所形塑。

上述的討論，進一步揭示了澳門認同在制度─時序上的限定意義。由於存在著與族群─文化意義上的中國人難以區分的「結構性」因素，「澳門人」作為一個獨特的身分認同範疇，事實上是制度作用之下的結果。至於制度效應將促成何種「澳門人」身分認同形態的出現，關鍵在於制度於時間過程上的作用。如以與澳門有類似背景的「香港人」身分認同發展為例，則突顯了特定時間序列所產生的不同結果。殖民地時期充分制度化的「香港人」認同，在英殖時期與族群─文化意義的「中國人」身分認同並存。但隨著回歸以後中港衝突加劇的脈絡下，令「中國人」身分逐漸與日益政治化的「香港人」認同無法相容（Veg, 2017）。隨著衝突的白熱化，單一以及由下而上的「香港人」身分逐漸在香港形成政治身分霸權，並於抵抗北京把香港整合到中國的「國家計畫」中（Fong, 2017），逐漸浮現替代性的「香港」計畫。香港與澳門的差異，正是在於「香港人」認同於殖民

地時期得以成形及鞏固，與後來特區的「國家性身分計畫」產生一定的區別，從而在產生比較的過程中成為一種「清晰可見」的身分範疇。而澳門在事件序列上的差異，形塑了不同的制度性效應，並進而促成「澳門人」認同與「中國人」認同並未產生矛盾的「雙重認同」現象。

　　至於就此一身分形態如何影響澳門未來的政治發展，余永逸（2019）認為，澳門成形中的本土身分認同，或會構成澳門與中國大陸融合的障礙。但正如上述討論，在澳門特區已經高度制度化的國家性身分計畫，以及公民制度環境所發揮的薄弱效應，未必令澳門居民以訴諸認同的方式來回應國家議程。

參考文獻

王佳煌、詹傑勝，2019，〈澳門人身分認同研究——與香港比較〉，《二十一世紀》，第 176 期，78-94 頁。

李展鵬，2018，《隱形澳門：被忽視的身分與文化》，新北：遠足文化。

香港大學民意研究調查計畫，2018，《市民的身分認同感》，https://www.hkupop.hku.hk/chinese/popexpress/macau/identity/poll_chart.html。

余永逸，2019，〈與內地的融合：澳門如何走進粵港澳大灣區之路〉，《香港社會科學學報》，第 53 期，135-160 頁。

余振、劉伯龍、吳德榮，1993，《澳門華人政治文化》，澳門基金會。

陳宇威、蕭家怡，2019，〈政治無力感下的新出路：國族主義所重塑的

澳門人身分認同〉，《香港社會科學學報》，第 53 期，97-134 頁。

林仲軒，2017，〈表演認同作爲其他途徑的政治：澳門網民的實踐經驗〉，《新聞學研究》，第 131 期，127-171 頁。

黎熙元，2005，〈難以表述的身分——澳門人的文化認同〉，《二十一世紀》，第 92 期，16-27 頁。

蔡天驥、王紅宇，2020，〈身分認同〉，載於李德、蔡天驥、王紅宇、郭世雅編，《澳門社會現狀調查》，台北：五南，132-143 頁。

鄭宏泰、黃紹倫，2009，〈身分證與身分認同：香港與澳門的比較〉，《澳門研究》，第 39 期，42-50 頁。

Breitung, Werner. 2009. "Macau Residents as Border People – A Changing Border Regime from a Sociocultural Perspective," *Journal of Current Chinese Affairs*, 38(1):101-127.

Brubaker, Rogers. 1996. *Nationalism Reframed: Nationhood and the National Question in the New Europe*. Cambridge: Cambridge University Press.

Chan, Wai-Yin and Edmund Cheng Wai. 2020. "State-society relations in Hong Kong and Macau: A historical institutionalist analysis," In *Macau 20 Years after the Handover: Changes and Challenges under "One Country, Two Systems*," edited by Ieong Meng U, 121-134. Routledge.

Chou, Bill Kowk Ping. 2010. "Building National Identity in Hong Kong and Macao," *East Asia Policy*, 2(2):73-80.

Falleti, Tuila and James Mahoney. 2015. "The comparative sequential method," In *Advances in Comparative-Historical Analysis*, edited by James Mahoney and Kathleen Thelen, 211-239. Cambridge: Cambridge University Press.

Fong, Brian Chi Hang. 2017. "One Country, Two Nationalisms: Center-Periphery Relations between Mainland China and Hong Kong, 1997-2016," *Modern China*, 43(5):523-556.

Ieong, Meng U. 2020. "Introduction," In *Macau 20 Years after the Handover: Changes and Challenges under "One Country, Two Systems,"* edited by Ieong Meng U, 1-8. Routledge.

Lam, Wai-Man. 2010. "Promoting Hybridity: The Politics of the New Macau Identity," *The China Quarterly*, 203:656-674.

Malte Philipp Kaeding. 2010. "The Evolution of Macao's Identity: Toward Ethno-cultural and Civic-based Development," *Journal of Comparative Asian Development*, 9(1):133-168.

Mendes, Carmen Amado. 2013. *Portugal, China and the Macau Negotiations, 1986-1999*. Hong Kong: Hong Kong University Press.

Ming K. Chan. 2003. "Different Roads to Home: The retrocession of Hong Kong and Macau to Chinese sovereignty," *Journal of Contemporary China*, 12(36):493-518.

Ping, Yew Chiew and Kwon Kin-Ming. 2014. "Hong Kong Identity on the Rise," *Asian Survey*, 54(6):1088-1112.

Roeder, Philip. G. 2007. *Where Nation-States Come From: Institutional Change in the Age of Nationalism*. Princeton: Princeton University Press.

Veg, Sebastian. 2017. "The Rise of 'Localism' and Civic Identity in Post-handover Hong Kong: Questioning the Chinese Nation-state," *The China Quarterly*, 230:323-347.

玖、總結

楊鳴宇

陳國球（Chan, 2003）曾經形容香港和澳門的「回家」之路是不一樣的。相較於葡萄牙，中國和英國在香港回歸問題上的交鋒要激烈得多，但對於北京而言，香港的重要性和價值從來都比澳門高，堅持要先處理香港問題。而有趣的卻是，隨著香港近年和北京的關係惡化，反而使澳門成為了「一國兩制」的模範。在出席慶祝澳門回歸十五週年暨澳門特別行政區第四屆政府就職典禮時，習近平就明確表示：「澳門取得的進步和成就，離不開『一國兩制』方針和《澳門特別行政區基本法》的全面正確貫徹落實。」由此可以看出，對於「一國兩制」和《基本法》，北京是有著特定的理解方式，並從這套理解方式出發，對其運行和管治的效果進行評估。

　　對於北京而言，「一國兩制」存在的一個重要前提條件，是其能對國家利益有所幫助。因此《基本法》在設計上一個重要的初衷，是最大程度地保留澳葡和港英政府管治時期的「行政主導體制」。正如澳門《基本法》第五十條和香港《基本法》第四十八條的規定所示，行政長官擁有和殖民時期總督一樣極大的行政及立法權。從這個角度而言，「一國兩制」和《基本法》本質上只是把總督變成了北京信任的行政長官，透過行政長官實行就能在不直接干預香港和澳門管治的情況下，保證國家利益得到實現。也就是說，香港和澳門的高度自治是有前提條件的。由此才能理解為何 1987 年鄧小平在會見香港基本法起草委員會時指出，「還有一個問題必須說明：切不要以為香港的事情全由香港

人來管，中央一點都不管，就萬事大吉了。這是不行的，這種想法不實際。中央確實是不干預特別行政區的具體事務的，也不需要干預。但是，特別行政區是不是也會發生危害國家根本利益的事情呢？難道就不會出現嗎？我看沒有這種自我安慰的根據。如果中央把什麼權力都放棄了，就可能會出現一些混亂，損害香港的利益。所以，保持中央的某些權力，對香港有利無害。」[1] 以及為何於 2009 年通過《基本法》第二十三條的澳門，會是北京眼中的「一國兩制」模範。

然而，「行政主導體制」能有效運轉是需要一系列條件，最為重要的兩點是：(1) 回歸後的經濟社會結構大致和回歸前保持一致；(2) 中央和地方的利益不存在根本的衝突。唯有如此，行政長官才能夠有效管治並同時平衡本地和北京的利益（Xu, 2011）。顯而易見在香港，上述的條件都沒有得到滿足，其中 1980 年代開始的民主化進程成為了香港社會和北京利益衝突的導火線。「香港問題」也就有理可循。相較之下，澳門社會並沒有強烈的民主化訴求和可以持續的社會運動動員機制。「行政主導體制」因此在回歸二十年後仍然有效。然而，正如之前的不同章節所示，澳門社會也在悄悄發生變化，快速的經濟發展催生出新的社會問題和不滿，年輕世代的價值觀也變得更多元和具批判

---

[1] 譚惠珠，《重溫鄧小平兩篇講話的啟示》，中國人大網，http://www.npc.gov.cn/npc/c30834/201909/40a93d9a890647a1b74a3ec3343faa36.shtml，2019/09/02。

性，就像在其他國家和地區一樣的情況及既有的政治制度產生張力（Yang, 2016; Ansani and Daniele, 2012; Huang, Boranbay-Akan, and Huang, 2016; Norris, 1999）。澳門因而不能再被形容為一個政治冷感的社會。以上變化都為管治澳門帶來挑戰。如果「行政主導體制」維持不變，未來是否還能夠繼續繁榮和穩定，繼續是「一國兩制」的模範呢？

參考文獻

Ansani, Andrea, and Vittorio Daniele. 2012. "About a Revolution: The Economic Motivations of the Arab Spring," *International Journal of Development and Conflict*, 2 (3):1-24.

Chan, Ming K. 2003. "Different Roads to Home: the Retrocession of Hong Kong and Macau to Chinese Sovereignty," *Journal of Contemporary China*, 12 (36):493-518.

Cheung, Anthony Bing Leung. 2007. "Executive-Led Governance or Executive Power 'Hollowed-Out'—The Political Quagmire of Hong Kong," *Asian Journal of Political Science*, 15 (1):17-38.

Huang, Haifeng, Serra Boranbay-Akan, and Ling Huang. 2016. "Media, Protest Diffusion, and Authoritarian Resilience," *Political Science Research and Methods*, 1-20.

Norris, Pippa. 1999. "Introduction: The Growth of Critical Citizens?," In *Critical Citizens: Global Support for Democratic Government*, edited by Norris Pippa, 1-30. Oxford University Press.

Xu, Chenggang. 2011. "The Fundamental Institutions of China's Reforms and Development," *Journal of Economic Literature*, 49 (4):1076-151.

Yang, Yunkang. 2016. "How Large-Scale Protests Succeed in China: The Story of Issue Opportunity Structure, Social Media, and Violence," *International Journal of Communication*, 10:2895-914.

圖書館出版品預行編目資料

門政經二十年／楊鳴宇，林仲軒，吳明軒，
志輝，李展鵬，呂開顏，王紅宇，馬天龍
　　一一初版．一一臺北市：五南圖書出版
分有限公司，2022.03
面；　　公分
N 978-626-317-667-6（平裝）

ST：政治經濟　2.CST：社會發展
ST：澳門特別行政區

. 2839　　　　　　　　　111002404

4P12

澳門政經二十年

作　　　者— 楊鳴宇、林仲軒、吳明軒、廖志輝、李展鵬
　　　　　　 呂開顏、王紅宇、馬天龍

責任編輯— 唐　筠

文字校對— 許馨尹、黃志誠、林芸郁

封面設計— 王麗娟

發 行 人— 楊榮川

總 經 理— 楊士清

總 編 輯— 楊秀麗

副總編輯— 張毓芬

出 版 者— 五南圖書出版股份有限公司

地　　　址：106台北市大安區和平東路二段339號4樓

電　　　話：(02)2705-5066　　傳　　真：(02)2706-6100

網　　　址：https://www.wunan.com.tw

電子郵件：wunan@wunan.com.tw

劃撥帳號：01068953

戶　　　名：五南圖書出版股份有限公司

法律顧問　林勝安律師事務所　林勝安律師

出版日期　2022年3月初版一刷

定　　　價　新臺幣350元

所有‧欲利用本書內容，必須徵求本公司同意※